KB204202

신앙 유전자

신앙 유전자

초판 1쇄 발행 | 2021년 8월 27일

지 은 이 | 이현수
펴 낸 이 | 이한민
펴 낸 곳 | 아르카
편   집 | 이화정
디 자 인 | Design IF
총   판 | 비전북

등록번호 | 제307-2017-18호
등록일자 | 2017년 3월 22일
주   소 | 서울 성북구 숭인로2길 61 길음동부센트레빌 106-1805
전   화 | 010-9510-7383
이 메 일 | arca_pub@naver.com

홈페이지 | www.arca.kr
블 로 그 | arca_pub.blog.me
페이스북 | fb.me/ARCApulishing

ⓒ 이현수, 저자와의 협약으로 인지는 생략되었습니다.
이 출판물은 저작권법에 의해 보호받는 저작물이므로 무단 전재와 무단 복제를 할 수 없습니다.
이 책 내용의 일부 또는 전부를 재사용하려면 반드시 저자와 출판사의 동의를 얻어야 합니다.
잘못 만들어진 책은 구입하신 서점에서 교환해 드립니다.

책   값 | 뒤표지에 있습니다
I S B N | 979-11-89393-26-7 03230

아르카ARCA는 기독출판사이며 방주ARK의 라틴어입니다(창 6:15).
네가 만들 방주는 이러하니 … 새가 그 종류대로, 가축이 그 종류대로,
땅에 기는 모든 것이 그 종류대로 각기 둘씩 네게로 나아오리니 그 생명을 보존하게 하라 _창 6:15,20

자녀에게 믿음이 전수되는 결정적 요인

신앙 유전자

이현수 지음

아르카

일러두기

유전자(遺傳子) : 어버이로부터 자손에게 '생명현상의 유지 정보'를 전달하는 유전형질의 기능적 단위

전수(傳授)하다 : ○○을(를) 전하여 주다.

물려주다 : ○○을(를) 전하여 주다.

아브라함의 신앙은
어떻게 형성되었고
어떻게 계승되었는가?

오늘날 우리는
믿음을 유산으로 남겨주기 위해서
아브라함과 이삭과 야곱에게서
무엇을 배워야 하는가?

감사의 글

이 책의 상당 부분은 김요셉 목사님의 설교와 사역에서 영향을 받았습니다. 김 목사님은 늘 제게 영감을 주시고 창의성을 일깨워 주시는 분이십니다. 근 20년 간 멘토 역할을 해 주신 김 목사님께 감사를 드립니다.

안식년 기간 동안 부족한 사람을 방문 학자(visiting scholar)로 초청해 준 미국 존 브라운 대학(John Brown University)에게도 감사를 표합니다. 모든 편의를 제공해 주셨고, 나중에 COVID-19로 학교가 폐쇄된 와중에도 따로 방을 마련해 주셔서 책을 마무리 할 수 있게 해 주셨습니다. 특별히, 친절하게 맞아주신 총장 찰스 폴라드 박사님(Dr. Charles Pollard), 친구처럼 이끌어 주신 부총장 스티브 비어스 박사님(Dr. Stephen Beers), 항상 겸손하게 도움을 주시고 범(汎) 한인 커뮤니티를 이끌고 계신 테드 송(한국명 송준석) 박사님(Dr. Ted Song)께 진심으로 감사를 드립니다.

설교에 눈을 뜨게 해 주신 고(故) 윤형철 목사님, 늘 기도해 주시는 이승위 장로님, 오신실 권사님, 언제나 곁에 있으면서 힘이 되어준 아내 박세은 사모, 혜린이 그리고 병연이에게도 깊은 감사를 표합니다.

차례

PART 1 물려줄 만한 믿음이란 무엇인가?

족보에도 묵상할 것이 있다

창세기 11장

아브라함과 이삭과 야곱 이야기는 우리에게 무척이나 익숙하다. 이들에 대한 설교와 저술도 수없이 많다. 여기에 무언가를 더하는 일은 사족에 가까울 것이다. 다만 필자는 이 책에서 신앙 선배들의 묵상과 통찰에 편승하여, 다음과 같은 면에서 의미를 찾고자 한다.

첫째, 아브라함은 믿음의 조상이라 불리는, 이른바 믿음의 원조이다. 그는 이삭과 야곱과 더불어 아득히 먼 옛날[01], 성경이 없던 불완전한 계시의 시대(히 11:39)를 살면서도 신실한 믿음을 지킨 사람이다. 그와 그의 자녀들이 어떻게 그럴 수 있었는지 살피는 것은 성경이 있는 완전한 계시의 시대에서 혹시라도 불성실하게 살아가고 있는 우리에게 좋은 도전이 될 것이다. 그들의 믿음은 오늘날 우리에게 믿음의 원형(prototype)과 전형(archetype)이 되기에 충분하다. 따라서 이 책에서는 아브라함과 그 자손들의 믿음을 살펴봄으로써 진정한(authentic) 믿음이란 과연 무엇인지 살펴보고자 한다.

---

01 아브라함의 연대를 대충 B.C. 2100년 경으로 잡으면, 메소포타미아 문명을 기준으로 후기 청동기 시대쯤 될 것이다.

둘째, 이 책에서 그들의 믿음과 그 여정을 다시 살펴보려는 또 다른 중요한 이유가 있다. 아브라함이 그의 믿음을 다음세대에 성실하고도 성공적으로 물려주었다는 점이다. 자신이 신실한 믿음을 가지는 것도 기적이요 중요하고도 어려운 일이지만, 그 믿음이 후대에 잘 이어지는 것은 더 기적이고 더 중요하고 더 어려운 일이다. 아브라함 가문의 경우에는 4대손인 요셉이 아브라함과 이삭과 야곱의 하나님이라고 고백하기까지(창 50:24), 아브라함의 믿음이 성공적으로 전수되었다. 그러므로 아브라함으로 시작된 믿음이 자녀에게 대물림되는 과정을 살펴보는 것은, 오늘날 자신의 믿음을 자녀에게 잘 물려주고자 고민하는 부모에게 매우 유익한 작업이 될 것이다. 아브라함, 이삭, 야곱이 우리에게 믿음의 좋은 본이 될 뿐만 아니라 믿음 전수의 좋은 모범인 탓이다.

●—●

믿음을 물려주는 일의 중요성

창세기 11장 10절부터는 노아의 아들 셈의 족보가 나온다. 재미있는 것은, 성경의 족보와 연대를 계산해보면 홍수 세대인 노아의 아들 셈과 10대손 아브라함이 상당 기간 동시대를 살았다는 것이다.[02] 아브

---

02 물론 노아 후손들의 연대기에 대해서는 의견이 분분하다. 사본마다 연대 차이가 있다. 아브라함이 장남이었는지 나홀이 장남이었는지도 명확하지 않다. 그에 따라 연대기도 상당히 차이가 있다. 아브라함이 장남이었다면, 심지어 그는 노아와도 동시대 사람이 된다. 다만 성경에는 그런 암시가 없다. 많은 사람들이 아브라함은 차남이었지만 영적인 중요성 때문에 제일 앞에 언급된 것이라고 생각한다(비교, 창 11:26. 이 말씀은 세 명을 동시에 낳았다는 말이 아니다). 아브라함 연대에 대한 합리적인 설명은 고든 웬함, 《창세기 1-15》, WBC(솔로몬 1987), 453-455을 보라.

라함 당시까지 셈이 살아 있었다는 말이다. 문자대로 족보를 계산해 보면 노아의 아들 셈은 아브라함이 150세가 될 때까지 살아 있었다.[03] 살아 있었다는 것이 반드시 같은 장소에서 지내며 서로 잘 알았다는 말은 아닐 수 있다. 그러나 아브라함은 동시대에 생존해 있었던 10대조 할아버지 셈을 만났거나, 알았거나, 적어도 먼발치에서라도 보았을 것이다.[04] 그렇다면 아브라함에게 어떤 형식으로든 셈이 경험한 홍수와 하나님과 언약에 대해 전해졌을 것이고, 당시 대부분의 사람이 하나님을 떠났어도 아브라함만큼은 심판과 은혜와 약속에 대한 이야기를 귀담아들었을 것이다.

그러나 성경에서는 족보를 열거할 때 모든 자손의 이름을 열거하지 않고 '선택적 기재'(記載)를 한 경우가 많았다. 숫자가 상징적일 가능성도 있다. 그런 관례로 미루어볼 때, 창세기 11장의 족보는 셈부터 아브라함까지 모든 사람의 연대를 전부 기록한 것이 아니라 특별한 목적을 위해 발췌했을 가능성이 높다.[05] 그렇다면 셈과 아브라함 사이에 시간적 간극은 좀 더 있었을 것이며, 동시대를 살지 않았을 수도 있다.

어느 경우든지 중요한 것은, 노아와 그 자녀들은 그들이 경험한 끔찍한 홍수와 놀라운 구원을 이루신 하나님에 대한 이야기를 후손에

---

03 [그림 1] 노아부터 이삭까지의 연대기. 심지어 셈은 이삭이 대략 50세 될 때까지 살아 있었다. 문자대로 계산해본다면 셈은 이삭이 결혼하는 것을 보고 죽었다. [그림 1]에서 앞의 숫자는 다음 줄의 아들을 낳았을 때의 나이이며, 뒤의 숫자는 그의 수명이다.

04 C. T. R. Hayward, Saint Jeromes's Hebrew Questions on Genesis(Clarendon Press, Oxford, 1995), 47. 제롬에 의하면, 유대 전승 중 일부는 셈과 멜기세덱을 동일 인물로 보기도 한다. 이 전승에 의하면 셈과 아브라함이 동시대에 살았고, 서로 알고 있었다.

05 일례로 ① 노아의 후손 중 멜기세덱이나 욥의 이름은 없다. ② 아담부터 노아까지의 족보도 그렇게 기재했다. ③ 신약의 예수님의 족보도 그런 식으로 선택적 기재를 했다.

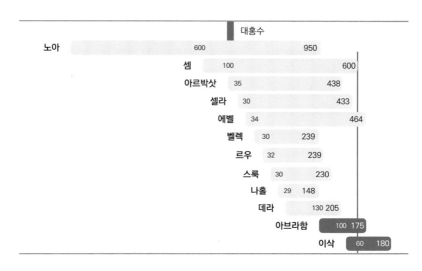

[그림 1] 노아부터 이삭까지의 연대기(나홀을 장남으로 가정했을 때)

게 제대로 전달하지 못했다는 사실이다. 그 원인이 부모의 불성실에 있었는지 후대의 완악함에 있었는지는 모르지만, 부모가 믿음의 유산을 후대에 잘 물려주지 못했다는 것은 확실하다. 그래서 믿음을 제대로 물려받지 못한 대부분의 후손들은 홍수를 경험한 세대가 여전히 살아 있었음에도 불구하고, 얼마 지나지 않아 바벨탑을 만들어 하나님을 또 반역했다(창 10:25). 결국 하나님은 아브라함을 통해 새롭게 역사를 만드시고자 한 것이다.

이 이야기는 우리에게 무거운 책임감을 느끼게 한다. 홍수 이후 사람들이 그토록 빨리 하나님을 배신하고 또 다시 하나님과 같아지려는 시도(바벨탑)를 했다는 사실, 그리고 그것이 믿음을 제대로 전하지 못한 데서 비롯된 뼈저린 결과라는 사실은 우리로 하여금 믿음 전수의 책임감을 무겁게 느끼게 한다.

믿음을 잘 물려주는 일은 결코 쉽지 않다. 선대(先代)가 홍수와 같은 무서운 심판의 와중에 겨우 구원받은 경험을 했다 하더라도, 하나님에 대한 경험과 지식이 자녀에게 제대로 전수되는 것은 또 다른 문제이다. 물론 부모가 먼저 하나님을 깊이 경험하는 것이 중요하다. 그러나 부모가 아무리 하나님을 깊이 경험하고 안다고 해도, 그것을 자녀에게 잘 전달하고 믿음을 유산으로 물려주는 것은 결코 쉽지 않다.

많은 신앙의 영웅들이, 비록 자신은 위대한 믿음의 사람들이었을지 모르지만, 믿음을 물려주는 일에는 실패했다. 전무후무하게 하나님을 대면하여 친구처럼 이야기를 나눴던 모세도(출 33:11, 34:10) 믿음을 제대로 물려주지 못해서, 그의 손자(혹은 자손)인 요나단이 단 지파의 우상을 섬기는 사제가 되어 모든 이스라엘이 영적으로 타락하는 데 앞장서게 되었다. 이것은 사사기에서 가장 비극적인 이야기 중 하나이다.[06] 마지막 사사[07]이자 모세 이후 최고의 선지자요(비교, 삼상 3:20; 행 3:24, 13:20) 이스라엘의 왕정 시대를 연 사무엘 역시 믿음을 제대로 물려주지 못해 그의 아들들은 믿음의 본이 되지 못했고, 그것이 이스라엘 백성들로 하여금 신정(神政)이 아닌 왕정(王政)을 원하게

---

06 사사기 17-18장, 특히, 사사기 18장 30절 " 단 자손이 자기들을 위하여 그 새긴 신상을 세웠고 모세의 손자요 게르솜의 아들인 요나단과 그의 자손은 단 지파의 제사장이 되어 그 땅 백성이 사로잡히는 날까지 이르렀더라." 양승헌 목사는 이것은 '요나단 신드롬'이라고 불렀다. 양승헌, 《크리스천 스토리텔러》(디모데, 2015), 63ff.

07 사무엘의 아들들도 사사로 임명받았지만 인정받지는 못했다. 삼상 8:1ff.

만드는 계기가 되었다.[08] 하나님의 마음에 딱 맞는 (개역성경에는 '마음에 합한') 사람이었고(행 13:22) 메시아의 모형이었던 다윗 또한 믿음을 잘 물려주지 못해 아들 솔로몬은 수많은 영적, 성적, 경제적 타락을 가져온 왕이 되었고, 결국 이스라엘은 그 아들 대에 남북으로 분열되고 말았다.[09] 이와 같이 믿음의 영웅들도 믿음을 물려주는 일에는 그리 영웅적이지 못했다.

오늘날 우리도 의식적으로 또 의지적으로 믿음을 전수해주려고 노력하지 않으면 안 된다. 믿음의 전수는 결코 쉽게, 자동적으로 이루어지지 않는다. 이것이 우리가 아브라함과 이삭과 야곱의 믿음을 잘 살펴보아야 하는 또 다른 이유이다.

●—●

먼저 가정을 통해서

물론 하나님의 사람들은 대부분 자녀에게 믿음을 잘 물려주려고 한다. 그러나 적지 않은 사람들이 자녀들을 좋은 교회, 좋은 주일학교 시스템 혹은 '기독교 학교'에 보내는 것으로 믿음을 물려주는 일을 다했다고 생각한다. 좋은 주일학교 시스템과 기독교 학교가 잘못되었다는 말이 아니다. 그것이 믿음을 물려주는 일의 전부가 아닐 뿐이다. 아니, 지극히 일부이다.

---

08 사무엘상 8장 1-5절, 특히 5절 "그에게 이르되 보소서 당신은 늙고 당신의 아들들은 당신의 행위를 따르지 아니하니 모든 나라와 같이 우리에게 왕을 세워 우리를 다스리게 하소서 한지라."
09 열왕기상 11장, 특히 11절 "여호와께서 솔로몬에게 말씀하시되 네게 이러한 일이 있었고 또 네가 내 언약과 내가 네게 명령한 법도를 지키지 아니하였으니 내가 반드시 이 나라를 네게서 빼앗아 네 신하에게 주리라."

성경적으로 볼 때, 믿음의 전수는 우선 가정에서 이루어져야 한다. 일주일에 한두 시간 하는 주일학교 교육보다 더 확실하고도 강력한 신앙교육의 장은 가정이다. 하나님이 아브라함을 부르신 이유는 바로 이것 때문이었다.

> 내가 그로 그 자식과 권속에게 명하여 여호와의 도를 지켜 의와 공도를 행하게 하려고 그를 택하였나니… _창 18:19

자녀들에게 믿음을 물려주어 그들로 거룩한 하나님의 백성이 되게 하는 것, 이것이 아브라함의 사명이었다. 창세기 12장 이후는 이것을 그리고 있는 것이다. 한마디로, 믿음을 잘 물려주게 하려고 아브라함을 부르신 것이었다. 이 사명은 아브라함 이후 후손들에게 대대로 주어진 임무였다.

> [6]오늘 내가 네게 명하는 이 말씀을 너는 마음에 새기고 [7]네 자녀에게 부지런히 가르치며 집에 앉았을 때에든지 길을 갈 때에든지 누워 있을 때에든지 일어날 때에든지 이 말씀을 강론할 것이며 _신 6:6-7

이같이 믿음을 물려주는 일은 일차적으로 가정에 주어진 책무이다. 하나님이 그분의 백성들을 부르실 때는 '대대로' 믿음의 가정을 이루라는 것이고, 가정을 통해 하나님을 경외하는 '경건한 자녀'를 만들어 내는 것이 그 가정의 가장 막중한 사명이었다(말 2:15).

신앙 유전자

신약시대에 와서도 마찬가지였다. 그리스도인 가정에는 자녀를 '주의 교훈과 훈계로 양육'해야 하는 명령이 주어졌다(엡 6:40). 바울은 자신의 수제자 디모데가 그의 할머니 로이스와 어머니 유니게로부터 거짓 없는 믿음을 유산으로 잘 물려받은 신실한 하나님의 사람이라고 칭찬하며, 많은 사람들의 본으로 삼았다(딤후 1:5). 이같이 하나님은 가정을 믿음 전수의 중심 통로로 설계하셨다.

다시 한 번 강조하거니와, 좋은 주일학교 시스템과 기독교 학교가 잘못되었다는 말을 하려는 것이 아니다. 교회 공동체가 확장된 가족이라고 말할 때, 교회의 다음세대 사역은 정당성을 갖는다. 그러나 그것이 믿음을 물려주어야 하는 개별 가정의 책무를 대체하지 않는다. 부모와 자녀가 같이 성경을 읽는 것, 가정예배를 드리는 것, 부모가 경험한 하나님에 대해 들려주는 것, 이런 이야기가 진부하게 들릴지 모르겠지만, 가정의 신앙교육은 주일학교의 어떤 프로그램보다 강력한 믿음 전수의 방법이다. 부모가 먼저 하나님을 깊이 경험하고 그것을 다음세대에 잘 물려주는 것, 이것이 그리스도인 가정의 존재 이유이며 사명이다.

그러면 교회의 역할은 무엇일까? 믿음의 부모들로 하여금 믿음을 잘 전수하도록 그 부모를 구비시키는 것이다. 이것은 다소 혁명적인 이야기이다. 기존의 다음세대 사역의 기본 틀은, 주로 주일학교를 잘 구비하여 좋은 목회자나 교사가 그것을 감당하고, 부모는 그 주일학교를 위해 기도하고 후원하는 것이었다. 그러나 성경은 반대로 말하고 있다. 부모가 신앙 전수 책임의 주체이며, 교회의 주된 역할은 그런 부모들을 돕는 것이다.

당장 오늘부터 우리의 생각을 바꾸어야 한다. 믿음 전수의 책임은 다른 데 떠넘길 수 없는 것이다. 바울은 "그런즉 그들이 믿지 아니하는 이를 어찌 부르리요 듣지도 못한 이를 어찌 믿으리요 전파하는 자가 없이 어찌 들으리요"(롬 10:14)라고 했다. 믿음은 누군가 전하는 사람이 있어야 한다. 그런데 우리가 창세기 11장에서 묵상하는 바는, 신앙을 일차적으로 전하는 사람은 주일학교 선생님이나 기독교 교사가 아닌 부모라는 것이다. 가정에서 믿음을 성실하게 물려줄 때, 자녀들의 입에서 "나의 부모의 하나님이 나의 하나님"이라는 고백이 나온다. 이것이 오늘의 가정에게 주어진 과제요 미션이다.

하나님의 성품과 우리의 믿음

아브라함과 그 자녀들의 믿음 그리고 그 믿음의 전수에 대해 살펴보면서, 동시에 간과해서는 안 되는 중요한 것이 믿음의 대상인 '하나님'이다. 하나님이 어떤 분이기에 아브라함을 부르시고 그를 통해 믿음을 어떻게 전수하게 하셨는지를 묵상하는 것은 당연하고 가장 가치 있는 일이다.

칼빈은 "인간이 하나님의 얼굴을 먼저 바라보고 나서 다음으로 자신을 자세히 검토하지 않는 한, 결코 자신에 대한 참된 지식을 얻지 못한다"라고 말했다.[10] 아브라함의 이면(裏面)과 전면(前面)에서 역사하

10 《기독교강요》, 1권 1장 2절.

시는 하나님에 대한 올바른 이해 없이 아브라함의 믿음과 믿음의 유산에 대해 생각하는 것은 그저 세속적인 성공 사례나 무용담을 보는 것과 별반 다를 바 없을 것이다. 그러한 작업은 원인 없는 결과를 찾는 헛된 일이 될 것이다.

엄밀히 말하면, 아브라함의 믿음은 하나님의 성품에 대한 반응일 뿐이다. 아브라함과 그 자녀들이 한 일은 하나님의 은혜에 반응한 것뿐이라고 해도 과언이 아니다. 하나님이 먼저 일하지 않으셨다면 이들의 이야기는 없었을 것이다. 따라서 하나님이 어떤 분이기에 아브라함과 그 가문을 부르시고 이끄시고 완주하게 하셨는지를 잘 살피는 것, 그리고 아브라함과 그 자손들의 다양한 반응, 즉 믿음의 여러 모습을 살펴보는 것이 제일 중요한 작업이고, 그것이 이 책의 주된 과제라고 할 수 있다. 따라서 이 책은 다음과 같은 세 가지 면을 살필 것이다.

1. 진정한 믿음
2. 믿음의 유산
3. 하나님의 성품

이 세 주제는 결국 '믿음의 유산'이라는 중심 주제에서 만나게 된다. 첫 번째 주제는 우리가 물려줄 유산, 즉 진정한(authentic) 믿음이 무엇인가(what)에 대해 고민하게 해줄 것이다. 부모의 믿음이 진정한 믿음이이라야 그것을 물려주는 일이 의미 있게 된다. 부모가 잘못된 믿음을 소유하고 있다면, 그 믿음을 물려주는 것은 오히려 위험하다. 그런 의미에서 '진정한 믿음'이라는 주제는 '믿음의 유산'이라는 주제에 좋은 초석(礎石)을 놓는 일이 될 것이다.

두 번째 주제인 '믿음의 유산'은 믿음을 어떻게(how) 물려줄 것인가에 대해 우리에게 도전을 줄 것이다. 믿음의 원조들이 어떻게 믿음을 물려주었는가를 살피는 것은 마치 가공하기 전 원석(原石)의 아름다움을 발견하는 일과 같을 것이다.

세 번째 주제인 '하나님의 성품'은 이런 초석과 원석을 아름다운 작품으로 만들어가는 예술가, 곧 하나님의 솜씨를 보는 일일 것이다.

●—●

일러두기: 복, 언약, 그리고 구속사

말씀을 본격적으로 살펴보기 전에, 우리가 이 책에서 자주 접하게 될 '복'에 대해 우선 정의해야 한다. 하나님은 아브라함과 그의 자손들에게 복을 약속하시는데, 그 복은 '언약적'(covenantal)이면서 '구속사'와 '하나님나라'라는 신학적 틀에서 보아야 한다. 한마디로, 하나님께서 이들에게 약속하신 복은 고유한(unique) 약속으로서, 궁극적으로 예수 그리스도를 가리킨다. 다른 부수적인 것들은 전부 예수 그리스도로 말미암아 이루어질 하나님나라(주권, 땅, 백성)를 예표하는 것이다(갈 3:14). 이것을 분명히 하지 않으면 잘못된 구복(기복)신학을 낳을 뿐이다.

하나님이 아브라함과 그 자손에게 하신 약속을 오늘날 우리에게 주시는 약속으로 잘못 적용하면 안 된다. 아브라함과 그 자손에게 주시는 복을 오늘날 우리가 누리고 싶은 행복으로 잘못 적용해서는 더더욱 안 된다. 예컨대, '우리가 아브라함처럼 충성하고 헌신했더니 하나님께서 우리 역시 부자가 되게 하시고 자손도 많이 허락하시고 땅도 많이 주셨다'라는 식의 적용은 명백한 잘못이라는 말이다. 그러므로 아브라함과 그 자손에게 주어진 복에서 축복의 메커니즘을 찾는 것은 거의 무의미하다.

따라서 이 책에서는 축복의 원리를 찾기보다 축복 이면에 있는 하나님의 의도 혹은 하나님의 마음을 헤아리고, 그 복을 받은 사람들의 반응과 태도를 살펴 우리 삶에 적용하려는 노력을 기울일 것이다. 동시에 그 태도와 적용을 어떻게 믿음의 유산으로 계승할 것인지를 살펴보려고 한다.

1
PART

물려줄 만한
믿음이란 무엇인가?

1

갈 바를 알지 못할 때의 믿음

창세기 12:1-9

아브라함의 믿음은 진정한 믿음의
여러 가지 측면을 보여준다.

'주의! 건너지 마시오! 얼음 얇음!'

살짝 언 강가에서, 그 강을 관리하는 기관에서 강력하게 경고하는 이런 표지가 있음에도, 어떤 사람이 "나는 이 강을 건널 수 있어!"라고 확신하며 과감하게 강을 건너려 한다면, 그는 곧 강에 빠질 것이다. 반대로 '안전! 건너도 됩니다. 꽁꽁 얼었음'이라는 표지가 있음에도, 얼음이 깨질까 봐 마음 졸이고 벌벌 떨며 조심조심 강을 건넌다면, 그는 어쨌든 강을 건널 수는 있을 것이다.[11] 앞의 경우를 무모함 혹은 그것조차 믿음의 일종이라고 한다면, 말 그대로 '무모한 믿음'이라고 할 수 있다. 뒤의 경우는 '약한 믿음' 혹은 '의심 많은 믿음'이라고 할 수 있다. 둘 다 '좋은 믿음'이라 할 수 없지만, 결국 강을 건너는 사람은 무모한 사람이 아니라, 의심하더라도 약하게나마 믿음이 있는 사람일 것이다. 하지만 무모함이 좋은 믿음인 것처럼 간주될 때도 있다. 아니, 무모할수록 믿음이 더 좋은 것처럼 이야기되는 경우가 많다. 그러나 성경에서 말하는 믿음은 그런 것이 아니다.

창세기 12장 1-9절은 아브라함이 하나님의 말씀을 따라 고향을 떠나는 이야기를 기록했다. 아브라함은 그냥 떠난 것이 아니었다. 히브리서는 아브라함이 '믿음으로' 나아갔다고 기록하고 있다(히 11:8). 그러면 이 믿음은 어떤 믿음이었을까? 물론 이 경우도 믿음을 완벽하게 설명해주지 않는다. 그러나 적어도 아브라함의 믿음이 우리가 지금 믿음이라고 생각하는 고정관념에 대해 많은 도전을 준다. 과연 아브라함의 믿음은 어떤 것이었을까? 아브라함의 믿음에서 알 수 있는 참믿음의 속성은 무엇일까?

●—●

믿음은 하나님의 주도로 시작되는 것이다

아브라함의 믿음의 시작은 하나님이셨다. 하나님이 부르셨기 때문에

---

11 《그리스도와의 동행》, '그리스도의 제자가 되는 길' 시리즈 3권(네비게이토 출판사), 23의 그림에서 힌트를 얻은 이야기이다.

그가 하나님의 자녀가 되었고, 하나님이 이끄셨기 때문에 믿음의 시조가 되었다. 너무 당연한 말 아닌가? 그렇다. 아브라함의 믿음은 하나님의 주권적이고도 은혜로운 선택에 기인했고, 그것이 믿음의 역사를 시작하게 했다. 사도행전에 나오는 스데반의 설교는 이 사실을 강조하고 있다.

> 스데반이 이르되 여러분 부형들이여 들으소서 우리 조상 아브라함이 하란에 있기 전 메소보다미아에 있을 때에 영광의 하나님이 그에게 보여 _행 7:2

아브라함의 믿음은 영광의 하나님이 먼저 나타나 보여주셨기 때문에 가능했다. 믿음은 항상 하나님의 주도(initiative)로 시작된다(요 15:16; 요일 4:19).

그런데 우리가 주목해야 하는 것은, 하나님께서 아브라함의 믿음이 좋아서 아브라함을 택하신 것이 아니라는 사실이다. 아브라함은 노아처럼 당대에 유일했던 의인이 아니었다. 사실 그때 아브라함보다 하나님을 더 잘 섬겼던 사람들이 있었다. 멜기세덱과 그를 중심으로 한 사람들이 대표적이다.

멜기세덱은 아브라함이 살던 당시 '지극히 높으신 하나님의 제사장'이었다(창 14:18). 비록 멜기세덱이 누구인지에 대해선 의견이 분분하지만, 멜기세덱을 중심으로 하나님을 예배하는 사람들이 있었음은 분명하다. 멜기세덱이 혼자 제사를 드리는 제사장 역할을 했을

신앙 유전자

리 없다. 그가 '살렘 왕'으로도 불렸던 것은 당시는 제정일치(祭政一致) 사회로서 왕이 곧 제사장이었기 때문이었다. 그렇다면 살렘의 백성들은 멜기세덱을 중심으로 여호와를 섬겼던 사람들(부족)이었다고 추측할 수 있다. 따라서 당시에 다수는 아니었을지라도, 적어도 부족 단위의 사람들이 하나님을 섬기고 있었을 것이다.[12] 반면 아브라함은 하나님을 예배하던 사람이 아니었다.

> …너희의 조상들 곧 아브라함의 아버지, 나홀의 아버지 데라가 강 저쪽에 거주하여 다른 신들을 섬겼으나 _수 24:2

오히려 아브라함은 전형적인 갈대아 사람으로서 이방 신을 섬기던 가문에서 태어났다. 그런데 놀랍게도 하나님은 멜기세덱이나 그와 더불어 하나님을 예배하는 사람 중에서 믿음의 조상이 될 사람을 부르지 않고 아브라함을 부르셨다. 이들뿐이 아니다. 아브라함 당대에는 욥이라는 인물도 있었다. 욥이 살았던 연대에 대해 신학적 논란이 있지만, 욥은 전통적으로 아브라함과 동시대 사람으로 여겨져 왔다.

우리는 욥기를 통해 욥의 인내와 믿음에 대해 익히 들어 알고 있다. 욥은 하나님의 자부심이었다. 가혹한 시험을 이겨낸 믿음의 모범이었다. 아마도 믿음으로 치면 아브라함보다 훨씬 믿음의 조상다운 면모와 조건을 갖추었을 것이다. 오늘날 만약 투표로 믿음의 조상을 뽑

---

12 A. R. Millard, D. J. Wiseman(ed.), Essays on the Patriarchal Narratives(IVP, 1983), 특히, 161-196의 G. J. Wenham, "The Religions of the Patriarchs" 참고.

는다면 아마도 욥이 뽑히지 않았을까? 그러나 하나님은 욥이 아니라 아브라함을 믿음의 조상으로 부르셨다.

그러면 하나님은 왜 아브라함을 믿음의 조상으로 부르셨을까? 여기에 대한 답은 아마도 '잘 모른다'일 것이다. 다만 한 가지, 아브라함의 부르심을 설명할 수 있는 유일한 길은 은혜이다. 이것 말고는 설명할 길이 없다. 하나님은 아브라함이 자격이 있거나 조금 잘난 구석이 있어서가 아니라 그저 은혜로 그를 부르신 것이다.

은혜는 값없이 주어지는 선물이고, 자격 없는 사람에게도 주어지는 특권이다. 하나님이 아브라함을 믿음의 시조로 선택하신 것은 전적으로 하나님의 은혜 때문이었다. 그가 믿음의 조상이 되기에 충분해서 선택받은 것이 아니었다. 어쩌면 부르심을 받기에 기준 미달이었을지도 모른다. 그는 하나님의 부르심을 받은 이후에도 많은 실수와 실패를 거듭했다. 그러나 부르신 것도 하나님의 은혜였고, 부르심에 합당하게 만들어가신 것도 하나님의 은혜였다(엡 2:8-9; 고전 15:10).

오늘날 부모인 우리도, 우리의 자녀도 마찬가지이다. 부모는 물론이고 우리의 자녀가 귀해서, 선해서, 자격이 있어서가 아니라, 그저 은혜로 하나님의 자녀가 되었다. 우리가 뭔가 달라서, 가능성이 있는 것 같아서 우리를 부르신 것이 아니다. 순전히 은혜로 구원하셨다. 이것을 겸손하게 그리고 끊임없이 기억하지 않으면 우리는 금방 교만해지고 방자히 행하게 된다.

마크 트웨인이 쓴 책에 미시시피강 상류의 둑이 터져 강줄기가 바뀐 날의 밤에 대한 이야기가 있다. 노예 제도를 인정하는 미주리주의

신앙 유전자

한 흑인이 강가에서 노예 신분으로 잠이 들었는데, 깨어 보니 강줄기가 바뀌어 일리노이주 땅에 가 있었다. 일리노이주는 노예 제도를 폐지한 곳이므로 그는 자유인이 되었다는 이야기이다.[13] 그 노예는 아무것도 하지 않았는데 기적적으로 자유인이 되었다. 그저 잠만 잤을 뿐이다. 그러나 하룻밤 만에 자유의 땅에 서 있게 되었다. 이것이 은혜이다. 나는 아무것도 한 것이 없는데, 나는 아무런 자격이 없는데 하나님은 우리를 하나님의 자녀로 부르셨다. 이것을 제대로 기억하는 것이 참 믿음이다.

●─◦

믿음은 하나님의 미쁘심이 이끄는 것이다

아브라함이 본토 친척 아버지의 집을 떠난 것은 큰 확신이 있어서가 아니었다. 엄밀하게 말하면, 그는 확신이 없었다. 히브리서는 아브라함의 믿음을 다음과 같이 묘사하고 있다.

> 믿음으로 아브라함은 부르심을 받았을 때에 순종하여 장래의 유업으로 받을 땅에 나아갈새 갈 바를 알지 못하고 나아갔으며 _히 11:8

아브라함은 어디로 가는지도 모른 채 확신 없이 나아갔다는 것이다. 그래서 중간에 하란에서 세월을 보내기도 한 것 같다. 아무튼 아브

13　Don M. Aycock, Eight Days That Changed the World(Kregel 1997), 115에서 인용. 본래 J. Herbert Gilmore, When Love Prevails(Eerdman, 1971), 141에 나오는 내용이다.

라함은 어디로 가는지 확신하지 못하고 길을 나선 것이 분명하다.

목적지가 분명하지 않은 여정은 사람들에게 불안뿐 아니라 그것을 넘어 두려움까지 준다. 좌절하게 만든다. 아브라함 시대에는 더욱 그러했을 것이다. 그럼에도 히브리서 기자는 아브라함이 '믿음으로' 나아갔다고 기록하고 있다. 우리는 이 모순된 진술에서 자기 확신과 믿음, 나아가 무모함과 진짜 믿음에는 차이가 있다는 것을 알 수 있다. 아브라함은 확신은 없었지만 하나님이 부르시니 간 것이다. 이것이 중요하다. 믿음은 자기 확신이 아니라 하나님의 약속의 미쁘심이 이끄는 것이다.

성경에 사용된 '미쁘다'라는 말은 아름다운 우리말이다. '신뢰할 수 있다, 신뢰할 만하다'라는 뜻이다. "하나님은 미쁘시도다"(고전 1:9), "너희를 부르시는 이는 미쁘시니"(살전 5:24), "또 약속하신 이는 미쁘시니"(히 10:23) 등 성경은 하나님이 미쁘신 분이라는 표현을 자주 한다.[14] '하나님은 확실히 신뢰할 수 있는 분이다'라는 말이다. 아브라함의 믿음은 자기 확신에 근거한 것이 아니라 미쁘신 하나님에 근거한 것이었다.

구약성경 열왕기하 5장에 나아만 장군의 이야기가 나온다. 그는 아람의 군대장관이면서 나병으로 고통당하고 있었다. 그러다가 이스라엘에서 잡혀온 노예의 말을 듣고, 혹시 하는 마음으로 엘리사 선지자

---

14 영어로는 trustworthy 혹은 faithful이라고 되어 있는데, 믿을 만한 가치가 있다는 말이다. 이는 본래 헬라어 신약 성경의 '피스토스'(신뢰, 신실, 충성)의 우리말 번역이며, 구약 히브리어 성경의 '아만'('아멘'이 여기서 유래)의 대응으로, '확실히 믿는다'라는 말이다. 다른 성경에서는 '신실하다', '충성되다'라고 번역되었다.

에게 갔다. 엘리사는 나아만이 장군임에도 그에게 예의를 차리지 않았고, 사환을 시켜 요단 강에서 일곱 번 몸을 씻으면 병이 나을 것이라는 말을 전했다. 그 이야기를 들은 나아만은 확신이 없었다. 믿지 않았다. 아니, 오히려 화를 냈다. 그럼에도 불구하고 그가 반신반의하며, 속는 셈 치고 억지로 요단 강에 일곱 번 들어갔을 때 병이 나았다. 그가 병이 나은 것은 그의 확신 때문이 아니다. 하나님의 말씀이 미쁘셨기 때문이었다.

신약성경 사도행전 12장에서도 잡혀간 베드로를 위해 기도한 교회의 이야기가 기록되어 있다. 헤롯이 사도 야고보를 죽였는데, 그 일이 백성들에게 호응을 받자 이번에는 베드로를 잡아간 것이다. 다음 날이면 베드로가 처형당할 판이었다. 이에 사람들은 평소 모이던 처소(마가의 집)에 모여 잡혀간 베드로를 위해 간절히 기도했다(행 12:5). 하나님은 기도에 신속하게 응답하여 천사를 보내시어 옥에 있는 베드로를 기적적으로 구해내셨다.

감옥에서 나온 베드로는 재빨리 마가의 집으로 갔다. 베드로가 문을 두드리자 로데라는 여자아이가 문을 열어주려고 나갔다가, 베드로라는 말을 듣고 너무 놀라고 반가워 문 여는 것도 잊고서 안으로 뛰어들어갔다. 기도하던 사람들에게 가서 베드로가 왔다고 말했는데, 그들은 그 말을 믿지 못했다. 오히려 여자아이에게 미쳤다고 말했다. 그들은 간절히 기도하면서도 하나님이 그토록 빨리 응답하시리라는 확신은 없던 것이다.

베드로가 풀려난 것은 그들의 확신 때문이 아니었다. 하나님이 미쓰셨기 때문이다. 믿음은 내 확신에 좌우되는 것이 아니다. 믿음의 근거는 하나님의 미쁘심이다.

또한 믿음은 '(말씀을) 배우고 확신한 일에 거하는 것'(딤후 3:14)이지 막연한 희망사항(wishful thinking)이 아니다. '긍정의 힘'이라거나 '(열심히 꿈을 꾸면) 꿈은 이루어진다'는 자기최면과 같은, 이른바 피그말리온 효과와도 다른 것이다. 믿음은 미쁘신 하나님의 말씀이 이끄는 것이지 내 신념이 이끄는 것이 아니다.

그러므로 우리의 믿음이 좋아지려면, 나에게 확신을 불어넣거나 확신 있는 말투로 말하기보다 하나님의 약속, 즉 하나님의 말씀을 더욱더 깊이 묵상해야 하고 거기에 대한 신뢰를 키워나가야 한다. 믿음은 미쁘신 하나님을 경험하면서 강해지는 것이지 스스로 확신하는 것이 아니다. 여기에 우리 구원의 확실성이 있다.

내가 크게 확신하고 자신이 있어서 구원받는 것이 아니다. 때로는 의심하거나 확신이 없어도, 하나님이 미쁘시고 그 약속이 신실하시기 때문에 나의 구원이 흔들리지 않는 것이다. 자주 흔들리고 변덕스러운 내 마음이 아니라 하나님의 미쁘심이 근거라는 사실은 "영혼의 닻 같아서 튼튼하고 견고"(히 6:19)하다.

그러므로 좋은 믿음이란 무엇일까? 하나님의 미쁘심을 겸손하게 바라보는 것이다.

너희를 불러 그의 아들 예수 그리스도 우리 주와 더불어 교제하게 하시는 하나님은 미쁘시도다 _고전 1:9

바로 이 미쁘심 때문에 우리의 믿음이 유효한 것이다.

믿음은 사명을 수반한다

하나님이 아브라함을 부르신 것, 즉 소명(召命)에는 이유가 있었다. 창세기 12장 2절 말씀에서 "너는 복이 될지라"라고 하셨다. 그런데 이 축복이 어떤 것인지 잘 생각할 필요가 있다. 우리가 아는 한, 성경이 말하는 복의 근원은 오직 하나님이시다. 여기서 아브라함에게 복이 될 것이라 하신 말씀은, 그가 다른 사람들에게 복의 근원이 될 것이라는 말씀이다(개역성경에서는 '너는 복의 근원이 될지라'고 번역했다). 다시 말하면, 아브라함이 다른 사람들에게 복을 주는 통로가 된다는 말이다. 그래서 곧바로 3절에서 보충 설명을 한다. "땅의 모든 족속이 너로 말미암아 복을 얻을 것이라 하신지라." 그러니까 아브라함은 사람들에게 복을 전달해주는 복의 매개(媒介), 즉 복의 전달자가 될 것이라는 말이다. 이것이 아브라함이 복을 받는 이유였다. 이같이 복으로서의 소명(召命)에는 반드시 복을 전달할 사명(使命)이 있다.

이 말씀의 뉘앙스는 '우리가 하나님을 잘 믿으면 복을 받을 것이다'라는 말과 굉장히 다르다. 이 말씀이 우리에게 알려주는 바는, 우리의 신앙과 우리가 받는 모든 복은, 그것이 물질적이든 영적이든 간에, 본질적으로 내가 아닌 다른 사람을 위한 것이라는 사실이다. 우리는 근본적으로 다른 사람에게 복을 전달하는 자로서 부르심을 받았다.

한편, 많은 신앙인들은 자신이 받을 복을 먼저 생각하고, 그 후에 혹시 남는 것이 있다면 나누어주려고 생각한다. 그러나 이것도 성경이 말씀하는 바가 아니다. 우리는 복을 받는 순간부터, 여유가 있거나 복이 남아서가 아니라, 숙명적으로 다른 사람에게 복을 전달해주어야 하는 존재가 된다. 이것이 하나님이 우리에게 복을 주시는 이유이다.

하나님의 축복대로 이 신앙은 아브라함 가정에서 대대로 이어졌다. 하나님께서는 이삭에게 똑같은 축복을 하셔서(창 26:4) 가뭄으로 고생하던 블레셋 땅이 이삭 덕분에 우물을 얻었다(창 26:12-24). 하나님께서 야곱을 복의 통로로 사용하겠다고 하셨고(창 28:14, 30:27), 삼촌 라반의 집이 그를 통하여 복을 받았다(창 30:27). 요셉 때문에 보디발의 집안이 복을 받고 애굽이 복을 받았다(창 49:22, '가지가 담을 넘었다'가 그런 뜻이다). 물론 서론에서 언급한 대로, 우리는 이 축복과 약속을 더 넓게 구속사적으로 보아야 한다. 그러나 우리가 받는 구원과 복이 근본적으로 다른 사람을 이롭게 하고 복을 주어야 하는 필연성이 있다는 사실에는 변함이 없다. 그것을 위해 우리가 부르심을 받았다.

예수 잘 믿어서 구원받는 것은 믿음의 본질이 아니다. 내가 구원받은 이유는 다른 사람을 구원하기 위함이다. 믿음의 본질은 복 받는 것이 아니다. 다른 사람을 위한 축복의 통로가 되기 위함이다. 같은 맥락에서 사도 바울은 다음과 같이 자신을 소개하고 있다.[15]

예수 그리스도의 종 바울은 사도로 부르심을 받아 하나님의 복음을 위하여 택정함을 입었으니 _롬 1:1

15 김세윤, 《바울 복음의 기원》(엠마오, 1994), 96-110, 475-489의 "바울과 그의 사도직의 은혜".

이 말씀은 새로울 게 없는 진술 같지만 굉장한 신앙적이고 신학적인 의미를 담고 있다. 바울은 복음을 위하여, 복음 때문에 택정함을 입었다고 고백한다. 즉 복음 때문에, 복음을 전해야 하는 사명 때문에 구원받았고 사도로 부르심을 받았다는 것이다. 바울은 자신이 구원받고 사도로 부르심을 받은 이유가, 철저히 다른 사람에게 복음을 전하기 위함이라고 말한다(비교, 엡 3:7-9). 심지어 바울은 다음과 같이 말한다.

내가 복음을 전할지라도 자랑할 것이 없음은 내가 부득불 할 일임이라 만일 복음을 전하지 아니하면 내게 화가 있을 것이로다 _고전 9:16

바울은 '복음을 전하지 않으면 부르심의 목적에 합당하지 않게 사는 것이므로 나에게 화가 있을 것이다, 복음을 전하기 위해 구원을 받았는데 만약 전하지 않는다면 구원의 목적에 부합하지 않기 때문에 벌을 받을 것이다'라고까지 고백하고 있다. 사실 우리에게도 아브라함과 바울과 동일한 소명과 사명이 주어졌다.

그러나 너희는 택하신 족속이요 왕 같은 제사장들이요 거룩한 나라요 그의 소유가 된 백성이니 이는 너희를 어두운 데서 불러내어 그의 기이한 빛에 들어가게 하신 이의 아름다운 덕을 선포하게 하려 하심이라 _벧전 2:9

이것은 단순히 전도하라는 명령이 아니다. 우리를 하나님의 백성으로 삼으신 것은 하나님의 덕을 선포하게 하려고, 이 장의 본문 표현을 빌리면, 하나님의 복을 전하게 하기 위함이다. 그것 때문에 우리를 부르셨다. 하나님께서 오늘을 사는 우리를 다른 사람에게 복의 통로가 되기 위해 부르셨는데, 나만 복을 누리고 즐긴다면 화가 임할 것이다. 우리는 '부득불'이라도 복의 통로가 되어야 한다.

약간은 극단적으로 표현하기는 했지만, 본래 믿음의 전제가 본질적으로 나만 위한 것이 아니라 다른 사람을 위한 것이라는 데는 변함이 없다. 나를 통해 회사가 복을 받고, 교회를 통해 사회가 복을 받고 나라가 복을 받는 것, 그리고 궁극적으로 그들이 구원을 받는 것, 이것이 우리 믿음의 '정상적인' 모습이다. 그럼에도 혹시 우리는 우리가 받을 복만, 우리가 구원받을 것만 생각하고 있지는 않은가?

우리의 믿음은 이처럼 "예수 믿고 천국 간다"는 것을 훨씬 넘어선다. 믿음의 시조인 아브라함부터 오늘날 우리에 이르기까지 이 소명과 사명은 같이 가는 것이다. 믿음은 반드시 다른 사람을 복되게 할 사명을 동반한다. 이것이 신앙의 본질이다.

믿음이란
- 하나님의 주권적인 은혜로 말미암은 것이다.
- 나의 확신이 아니라 하나님의 미쁘심이 이끄는 것이다.
- 다른 사람에게 복을 전할 사명을 동반한다.

아무런 자격 없는 우리를 신실하신 하나님이 은혜로 부르셨다는 사실을 우리는 끊임없이 인식해야 한다. 그것을 잊어버리면 한낱 자연 종교의 종교인일 뿐이다. 때로는 확신이 없고 의심이 생길지라도 우리를 은혜로 부르신 미쁘신 하나님은 우리를 반드시 이끌어주실 것이다.

너희를 부르시는 이는 미쁘시니 그가 또한 이루시리라 _살전 5:24

이제 우리가 할 일은 다른 사람에게 복을 전달하는 것이다. 내가 받은 복은 나의 것이 아니다. 전달하라고 주신 것이다. 이런 사명에 충실하게 살 때, 하나님이 주신 복의 진정한 수혜자가 될 것이다.

신앙 유전자 적용 포인트

1. 때로 우리는 강한 자기 확신을 좋은 믿음으로 착각합니다. 그러나 좋은 믿음은 스스로 확신을 불어넣는 데서 오지 않고, 하나님을 더 깊이 경험할 때에 생기는 것입니다. 당신은 믿음이 더 깊어지기 위해서 하나님과 어떻게 교제하고 있으며, 어떻게 그것을 자녀에게 전수할 수 있을까요?

_____

_____

2. 하나님은 믿음이 있는 사람이 아니라 아무것도 아니었던 '아브라함'을 주권적으로 선택하셨습니다. 그 후 아브라함은 아버지의 신앙을 물려받지 않기로 결심했습니다. 혹시 부모님에게서 물려받고 싶지 않은 삶의 모습이나 신앙의 모양이 있습니까? 또 자신에게는 물려주고 싶지 않은 신앙의 모양이 있습니까? 그렇다면 어떻게 물려받지 않을 수 있고, 또 물려주지 않을 수 있을까요?

_____

_____

3. 하나님은 축복의 전달자로 당신을 부르셨습니다. 소명(구원)과 사명(복의 전달자)은 같이 온 것입니다. 당신은 이웃과 사회에 복의 통로가 되어야 합니다. 무엇보다도 당신의 자녀에게 복의 전달자가 되어야 합니다. 당신은 당신의 자녀와 다음 세대에 하나님의 복을 전달하기 위해서 무엇을 할 수 있을까요?

_____

_____

2

뜻밖의 시험이 찾아올 때의 믿음

창세기 12:10-13:2

믿음의 가정에도 시련은 온다.
시험을 어떻게 극복할 것인가가 중요하다.

우리가 하나님의 자녀가 되고서 기대하는 것은 평안한 삶, 형통한 삶, 그리고 복을 받는 삶일 것이다. 그런 기대가 나쁜 것은 아니다. 하나님은 성경 여기저기에서 이러한 삶에 대해서 약속하셨다. 그 약속을 믿고 주장하는 것에는 아무런 문제가 없다.

그러나 성경은 동시에 하나님의 백성으로서 반드시 겪어야 하는 시험에 대해서도 말하고 있다. 이 시험은 필연적이다. 그러므로 건강한 그리스도인이라면 받을 복과 더불어 반드시 겪어야 하는 시험까지 종합적으로 보아야 한다(롬 8:17; 빌 1:29). 그렇지 않으면 이 땅에서 받을 복만 바라보는, 물질적이고 현세적인 기복 신앙에 빠지거나, 반대로 매일 한숨만 쉬고 빨리 천국 가기만을 바라는, 이원론적이고 염세적인 신앙 행태에 빠지기 쉽다. 둘 다 건강한 신앙은 아니다.

●—●

T가 올 때 어떻게 극복할까?

하나님의 백성이 받는 시험에는 여러 종류가 있다. 공교롭게도 영어로는 모두 T로 시작된다. 시련(trial)이 있고 시험(test)이 있고 연단(training)이 있고 유혹(temptation)이 있고, 그리고 함정(trap)이 있다. 각각 그 원인이나 목적에 따라 나눠본 것이다.

시련(trial)은 나의 의지와 상관없이 겪게 되는 어려움이다. 갑자기 환경이 나빠졌다거나 나의 믿음 때문에 받는, 나의 의사와 무관하게 닥치는 고난이 시련이다(약 1:12; 막 4:17). 시험(test)은 그야말로 테스트다. 하나님이 그 사람의 믿음을 알아보시려고 혹은 그 믿음을 보려고 하시는 시험이다(창 22:1; 살전 3:5). 연단(training)은 믿음을 훈련시키기 위해 주어지는 시험이다(벧전 4:12). 유혹(temptation)은 내 잘못, 즉 내 욕심이나 나의 부주의가 원인이 되어서 겪게 되는 어려움이다(약 1:13-14; 막 4:19). 혹은 마귀가 우리를 쓰러뜨리려고 놓은 함정(trap)도 있다.

물론 이 다섯 가지가 날카롭게 구분되는 것은 아니다.[16] 예컨대, 어떤 경우는 시련이 연단이 되기도 하고(약 1:3; 벧전 1:7), 유혹이 시험이

16 [그림 2]

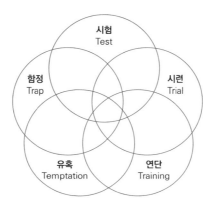

[그림 2] 다섯 가지 종류의 시험

되기도 한다(비교, 약 1:15). 어쩌면 이렇게 구분하는 것조차 의미 없을지 모른다. 다만, 이렇게 나누는 것에는 몇 가지 유익이 있다.

첫째, 책임 전가를 막을 수 있게 해준다. 예를 들어, 내가 유혹에 넘어가고 나의 죄 때문에 초래된 고난임에도 외부 환경에 그 책임을 전가할 수 있다. 그런 경우 자신의 죄가 원인임을 인정하고 회개하는 것이 중요하다. 환경 탓만 하는 것은 시험 극복에 도움이 되지 않는다.

둘째, 모든 어려움의 원인을 자신에게 돌려서 지나치게 자책하는 일을 피하게 해준다. 나쁜 일이 일어나면 '내가 뭘 잘못해서 이런 일이 일어났나?', '무슨 죄가 많아 이런 일이 일어나나?' 하는 식으로 자책하는 사람이 있다. 그러나 모든 시험이 자신의 죄 때문에 일어나는 것은 아니다.

셋째, 이렇게 하는 것은 결국 추후에 받을 시험에 잘 대처하도록 학습하는 효과가 있다. 시험은 한 번 오고 다시 안 오는 것이 아니기 때문에, 시험의 원인을 파악하는 것은 다음에 시험이 올 때 좀 더 지혜롭게 대처할 수 있게 한다.

아무튼, 중요한 것은 이것이다. 하나님의 자녀에게 그리고 순종하는 사람들에게조차 어떤 형태로든 시험은 필연적이라는 것.

하나님이 아브라함에게 본토 친척 아버지의 집을 떠나라고 하신 것은 죽으라는 것과 다름이 없었다. 그러나 그는 순종하여 하나님이 가라고 하신 땅으로 갔다. 고생 끝에 하나님의 인도대로 간 곳이 지금의 팔레스타인 지역, 가나안 땅이었다. 거기서 아브라함은 새 출발을 하려고 했다. 그런데 이게 웬일인가? 그곳에 기근이 닥쳤다. 약속의 땅에 갔는데, 어려움이 닥친 것이다.

여기서도 분명히 확인할 수 있는 사실은, 하나님의 말씀에 순종하여 간 약속의 땅 가나안에도 기근이 올 수 있다는 것이다. 아브라함이 특별히 무얼 잘못해서 이런 일이 일어난 것이 아니다. 그저 순종했을 따름이다. 그런데 그 땅에 기근이라고 하는 시험이 찾아온 것이다.

오늘날 세속 사회에서 우리의 믿음을 견지하기란 매우 어렵다. 요즘처럼 반기독교적인 정서가 강해지는 시대에 하나님의 백성으로서의 정체성을 유지하며 하나님의 백성답게 살아가는 것은 아브라함이 본토 친척 아비 집을 떠난 것만큼 어려울 수 있다. 뿐만 아니라 자녀에게 우리의 믿음을 물려주고 자녀를 하나님의 뜻대로 양육하는 일은 더 말할 나위가 없다. 세상 사람의 가치와 방법이 아닌 하나님의 가치와 방법으로 자녀를 키우는 것은 아브라함이 하나님의 부르심을 받고 고향을 떠난 것만큼의 대단한 결단이다.

그러나 그렇게 믿음의 결단을 해도 우리 인생이 항상 형통하는 것은 아니다. 믿음으로 산다고 다 복을 받지도 않는다. 우리가 자녀들을 믿음으로 키우려고 기도를 하고 좋은 환경을 마련해주고 하나님의 뜻대로 양육하려고 최선을 다해도 반드시 잘되리라는 보장은 없다. 고난이 오기도 하고 시험이 닥치기도 하며 유혹을 당하기도 한다. 이럴 때 우리는 어떻게 하면 시험이 없을 것인가에 집중하기보다 '시험이 왔을 때 어떻게 해야 하는가? 어떻게 해야 하나님의 백성답게 시험을 잘 극복할 수 있는가?'를 생각하는 것이 중요한 과제가 된다.

그러면 시험이 올 때 우리는 어떻게 극복해나가야 할까?

●─●

하나님께 묻고 들어야 한다

시험이 닥쳤을 때 아브라함이 택한 방법은 애굽으로 가는 것이었다. 가뭄이나 기근이 와도 끄떡없는 나일강이 있고 모든 산물이 풍요한 애굽으로 가는 것이 아브라함의 선택이었다. '나일강의 선물'이라는 말도 있지 않은가. 그만큼 애굽은 풍요한 나라였다. 얼핏 보면 기근의 때에 애굽으로 피난가는 것은 자연스러운 선택이었다. 그러나 여기에는 중대한 실수가 있었다. 하필 애굽으로 간 것이 잘못이라고 말하는 것이 아니다. 애굽으로 간 것은 문제가 아니었다. 애굽 자체는 악한 땅이 아니다.[17] 그러나 잘 생각해보아야 한다. 하나님이 가라고 할 때

---

17 애굽은 종종 이스라엘과 하나님의 적국으로 이해되지만, 다음 구절들은 하나님이 애굽을 선천적 악으로 규정하지 않으신 것을 보여준다. "너는…애굽 사람을 미워하지 말라 네가 그의 땅에서 객이 되었음이니라"(신 23:7), "이는 만군의 여호와께서 복 주시며 이르시되 내 백성 애굽이여…복이 있을지어다 하실 것임이라"(사 19:25).

가고 하나님이 서라고 할 때 서는 것이 하나님의 백성이다. 아브라함이 고향을 떠날 때는 하나님의 음성을 듣고 하나님의 인도하심을 따랐다. 그러나 애굽으로 갈 때는 하나님의 인도가 아니라 자신의 필요에 따라 움직였다. 하나님이 아직 가라고 하지 않았는데 애굽으로 간 것이었다. 심지어 하나님께 묻지도 않았다. 이것이 중대한 실수였다.

아브라함의 선택이 윤리적으로 잘못되었다고 말하는 것이 아니다. 애굽으로 가는 것은 당연하게 선택할 수 있는 길이었다. 그러나 하나님의 사람이라면 먼저 하나님의 인도하심을 구해야 했다. 즉, 기도해야 했다. 종교적인 의무를 말하려는 것이 아니다. 하나님의 백성이라면 시험에 직면했을 때 가장 먼저 겸손하게 하나님께 여쭈어야 한다는 것을 말하는 것이다. 그러므로 기도하지 않고 먼저 움직인 아브라함의 선택은, 윤리적으로 잘못된 선택이 아니었더라도, 자신이 하나님의 사람이라는 것을 망각한 처사였다.

아브라함이 기도했을 때 어쩌면 하나님께서 그에게 애굽으로 가라고 하셨을 수 있다. 결과적으로는 같은 길이다. 그러나 그 과정이 다르다. 하나님의 백성은 상식선에서 움직이지 않는다. 하나님이 가라 해야 가고 하나님이 가지 말라고 해야 멈추는 것이 하나님의 백성이다.

오늘날 우리는 살면서 선택을 해야 하는 수많은 순간을 만난다. 특히 자녀를 키우다 보면 더욱 그렇다. 그때 우리는 상식선에서, 당연해 보인다고, 남이 한다고 그냥 그것을 선택하기보다 먼저 기도해야 한다. 예수님은 우리에게 스스로 아는 척하지 말고 "내게 구하라" 즉 "물으라"고 하셨다(마 7:7). 하나님께 묻는 것은 우리의 의무이며, 물을 수 있는 것은 우리의 특권이기도 하다. 그것은 창피한 것도 번거로운 것도 아니다. 다윗은 그의 생애 가운데 여러 차례 하나님께 물었다(삼상 23:2, 30:8; 삼하 2:1, 삼하 5:19,23; 대상 14:10,14). 반대로, 성경은 하나님께 묻지 않는 것을 매우 부정적으로 묘사한다.

그들이 바로의 세력 안에서 스스로 강하려 하며 애굽의 그늘에 피하려 하여 애굽으로 내려갔으되 나의 입에 묻지 아니하였도다 _사 30:2

하나님께 여쭈어야 한다. 그러면 하나님은 응답해주실 것이다.

한편, 하나님의 응답은 여러 경로를 통해 우리에게 전달되지만, 하나님의 응답을 들을 수 있는 가장 확실한 방법은 하나님의 말씀을 묵상하는 것이다. 완성된 성경이 있기 전에는 다른 경로를 통해서 말씀하셨지만 오늘날은 주로 이미 하신 말씀, 곧 성경을 통해 하나님의 음성을 들려주신다.

다윗은 "주의 말씀은 내 발에 등이요 내 길에 빛"이라고 했다(시 119:105). 문명이 발달하기 전 옛날에는 밤이 무척 어두웠다. 그래서 밤길을 갈 때면 발 앞을 겨우 비출 수 있는 작은 등불로 길을 비추면서 갔다. 등불이 비치는 범위는 매우 한정적이었다. 그렇기 때문에 등불을 길에 비추지 않으면 걸어갈 수 없었다. 등불이 비추는 만큼만 갈 수 있었다.

오늘날도 하나님의 백성은 하나님의 말씀이 인생길을 비추지 않으면 길을 걸어갈 수 없다. 아니, 가지 말아야 한다. 우리는 하나님의 말씀이 비추는 만큼만 전진할 수 있다. 나의 직감과 판단과 경험에 의지해서 가다가는 낭패를 당할 것이다.

우리는 기도로 하나님께 묻고 말씀으로 하나님의 음성을 들어야 한다. 그래야만 우리의 여정을 제대로 갈 수 있다. 우리의 선택이 특별히 비윤리적인 것이 아닐지라도, 내가 상식적으로 선택한 것과 결과적으로 다르지 않을 수도 있지만, 그래도 하나님의 백성은 하나님께 그분의 뜻을 구하고 그분의 인도하심대로 움직여야 한다.

하나님의 음성이, 그분의 응답이 바로 주어지지 않을 수 있다. 그럴 때는 기다려야 한다. 능력의 선지자 엘리야도 고통 속에서 40일 동안 하나님의 음성을 듣지 못했다(왕상 19:1-8). 하나님의 음성은 내가 원하는 시간에 들을 수 있는 것이 아니다. 하나님의 음성을 기다려야 할 때도 있다. 그럼에도 불구하고 하나님의 백성들은 하나님께 묻고 그의 음성을 듣는 것을 가볍게 여기면 안 된다.

하나님의 방법으로 풀어야 한다

아브라함이 하나님의 백성으로서 하나님께 묻지 않고 그 음성을 듣지 않고 행동했을 때, 그에게 또 다른 시험이 닥쳤다. 아내도 빼앗기고 자신도 죽게 될 위기에 처한 것이다.

당시 중동에서는 이미 결혼한 남자라도 돈이 있으면 자기가 맘에 드는 여자를 더 취하여 아내로 삼을 수 있었다. 이러한 일부다처의 문화에도 '룰'이 있었는데, 아내로 삼고자 하는 여자에게 남편이 있으면 아내로 취할 수 없었다. 남편이 죽으면 취할 수 있었다. 그래서 남편을 죽이고 그 아내를 취하는 경우도 종종 있었다고 한다. 이러한 문화적 배경 가운데서, 애굽 왕이 미모가 빼어난 사라를 아내로 삼고자 했다. (이때 사라의 나이는 최소한 65세였다.)

아브라함은 자신의 목숨을 부지하고자 아내를 아내라 하지 않고 누이라고 거짓말했다. 사실 이 말이 100퍼센트 거짓은 아니었다. 본래부터 사라는 아브라함의 이복누이였다(창 20:12). 거짓은 아니었지만 진실도 아니었다. 게다가 그들은 가나안 땅을 떠날 때, 어떤 상황이 닥치면 그렇게 말하기로 사전에 합의를 봤다(창 20:13). 그러니까 아브라함과 사라는 이렇게 거짓말을 해도 대충 넘어갈 수 있는 안전장치를 미리 마련해둔 것이었다. 그러나 그런 꼼수에도 불구하고, 아니 그 꼼수 때문에 결국 아내를 빼앗기게 되었다.

여기서 우리는 아브라함이 하나님의 인도하심이 아니라 스스로의 필요와 판단대로 움직였다가 더 큰 시험에 빠지고, 거기서 빠져나오려고 거짓말이라는 더 악한 선택을 하는 것을 볼 수 있다. 아브라함이 처음부터 비도덕적인 선택을 한 것은 아니었다. 그저 기근을 피할 요량이었다. 그러나 이제는 비도덕적인 선택을 하게 생겼다. 거짓을 말하고, 아내를 이용해 위기를 벗어나려는 선택이다. 이같이 그의 잘못된 선택이 악한 선택으로, 소극적인 죄가 적극적인 죄로 발전해갔다.

우리 인생에 어려움이 올 때 하나님의 방법으로 헤쳐 나가지 않으면 다른 시험에 빠지게 되고, 그것에서 빠져나오기 위해 결국 세상적인 혹은 악한 방법을 동원하게 될 것이다. 그러므로 우리는 시험이 닥

처올 때 첫 단추를 잘 꿰어야 한다. 처음부터 하나님의 방법으로 승부하지 않으면 결국 큰 죄를 짓게 된다.

자녀 양육에서도 똑같다. 자녀 교육 문제에서 한 가지를 타협하기 시작하면 다른 부분도 계속 타협하게 되어 있다. 우리가 윤리적으로 그리 큰 잘못을 저지르는 것은 아니다. 그러나 작은 부분 하나라도 타협하면 자녀는 금방 알아차린다.

특별히 자녀가 자라나면서는 부모의 선택이 정말 하나님을 기쁘게 하는 선택인지, 우리 좋으려고 하는 것인지 금방 알아챈다. 전에는 그럴싸한 명분을 내세우면 됐지만, 자녀가 자라면서 판단력도 자랐기 때문에 옳고 그름 정도는 넉넉히 판단할 수 있다. 이런 일이 반복되면 우리는 물론 자녀들은 그동안 작은 부분을 타협해온 것이 몸에 밴다. 그래서 결국 나중에 중요한 결정을 내릴 때는 하나님이 '덜' 기뻐하시는 선택을 하게 된다. 하나님이 '덜' 기뻐하시는 선택은 곧 하나님이 '확' 싫어하시는 선택으로 발전할 것이다. 따라서 우리는 처음부터 하나님의 방법으로 일관해야 한다.

그런데 우리를 조금 혼란스럽게 하는 일이 일어난다. 아브라함의 부족함과 죄에도 불구하고 그가 오히려 많은 부를 얻었다는 것이다. 13장 1,2절은 그가 애굽의 사건을 겪고도 얼마나 부해졌는지를 기록하고 있다. 본래 이렇게 죄를 짓고 나면 망해야 정신을 차릴 텐데 아브라함은 더욱 부유해졌다.

혹시나 여기에서 용기(?)를 얻는 사람은 없길 바란다. 이 일은 아브라함의 부족함과 죄에도 불구하고 하나님은 여전히 미쁘시다는 것을

신앙 유전자

보여주는 것뿐이다. 실은 이렇게 얻게 된 부로 말미암아 롯의 가족과 갈등이 불거지고, 큰 전쟁에 휘말리고, 나아가 소돔과 고모라의 멸망과 더불어 롯의 가족이 추락하게 된다. 순간의 거짓으로 위기를 넘겨 흥하는 것처럼 보였지만, 그것이 여러 비극과 고난의 단초가 된 것이다. 이런 예는 성경에 많다.

사울이 블레셋과의 전쟁을 앞두고 사무엘이 얼른 오지 않자 스스로가 제사장이 되어 이른바 망령된 제사(삼상 13:13)를 드렸다. 그런 사울이면 마땅히 그 전쟁에서 져야 했을 터인데, 아들 요나단의 활약에 힘입어 블레셋과의 전쟁에서 승리했다. 여기까지만 보면 하나님의 뜻대로 살지 않아도 성공할 수 있는 것 같다. 그러나 그 뒤가 문제였다. 그 일 때문에 사울은 점점 더 하나님의 방법이 아닌 자신의 방법대로 살아갔고, 결국 하나님께 버림받았다(삼상 15). 그 이후에 벌어진 일들은 잘 알 것이다. 평생 왕답게 통치하지 못하고 다윗만 쫓다가 블레셋과의 전투에서 아들과 함께 비참한 최후를 맞았다.

오늘날도 당장의 좋은 결과를 위해 하나님의 축복을 오도하면 안 된다. 순간 흥했다고 해서, 그것이 다 하나님이 허락하신 것이고 그냥 넘어가주셨다고 생각해서는 안 된다. 늘 자신을 겸손하게 돌아보고 또 돌아보아야 한다. 하나님의 방법으로 하고 있는지 아닌지를.

우리도 작은 부분부터 하나님이 기뻐하시는 선택을 해버릇해야 한다. 오늘날 우리에게는 일의 시작부터 하나님의 방법으로 풀어나가려는 '습관의 영성'이 필요하다. 그래야 크고 중요한 결정을 내릴 때 하나님의 방법으로 거침없이 결단할 수 있다.

하나님의 시각으로 보아야 한다

아브라함은 단순히 자신에게 다가오는 목숨의 위협을 순간의 기지로 넘기려 했다. 얼핏 보면 이것은 지극히 개인적인 부족함의 문제처럼 보인다. 아브라함은 비겁했고, 거짓말을 한 것도 잘못이다. 그러나 이 것은 아브라함 개인의 부덕의 소치만이 아니었다. 더 중요한 것은 이 사건의 의미이다.

하나님은 아브라함을 통해 큰 민족을 이루고 그 자손들을 복의 통로가 되게 하겠다고 약속하셨다. 즉, 아브라함의 후손들을 통해 온 세상을 구원하실 계획을 갖고 계셨다. 그것이 하나님의 큰 그림이었다. 그러나 사라가 애굽 왕과 결혼하면 그 그림이 이상하게 왜곡될 수 있다. 물론 하나님은 다른 방법으로 그분의 역사를 이루셨겠지만, 그 일이 그대로 진행되었다면 사라는 버림받고 아브라함은 새 아내를 얻어야 했을지도 모르겠다. 그러니 이 사건은 단순히 한 사람이 비겁했다거나 실수한 차원이 아니다. 인류를 구원하시려는 그분의 역사(History)의 주요 부분이 뒤틀리게 생겼다. 그래서 하나님이 사라를 지키시려고 황급히 애굽 왕을 치셨다.

하지만 아브라함은 그런 것을 생각하지 않았다. 아브라함은 자신의 행동이 하나님의 크신 일과 어떤 연관이 있는지 생각조차 하지 못했다. 그저 자신의 목숨을 부지하고 현 상태를 유지하고자 했을 뿐이다. 그것이 문제였다.

하나님의 백성이 어떤 일을 하고 행동을 할 때, 그것을 단순히 개인적인 선택이요 결단이라고만 생각하면 안 된다. 하나님의 백성은 하나님의 일과 밀접하게 연관되어 있다. 나의 범죄는 개인이 죄를 짓는 것일 뿐 아니라 하나님의 백성으로서 하나님의 영광을 가리고 하나님의 일을 그르치는 것일 수 있다. 반대로, 나의 올바른 선택과 행동이 하나님의 일을 이루어가는 것일 수 있다. 우리는 이와 같이 영적으로, 거시적인 시각으로 자신을 바라보아야 한다. 이것이 하나님나라의 안목이다.

하나님의 백성은 하나님나라의 안목이 있어야 한다. 큰 안목을 가지고 자신과 하나님의 역사를 바라보아야 한다. 영적이고 거시적인 안목이 없다면 우리의 신앙은 한낱 개인의 결단일 뿐이고, 그저 나 하나 잘 믿고 천국 가는 것에 불과할 것이다. 그러나 우리의 믿음과 믿음의 선한 싸움은 개인전이 아니다. 영적인 전투는 국가 대항전이다.

우리의 영적인 실패 요인 중에 중요한 한 가지가 바로 이것이다. 우리는 항상 신앙을 개인적인 경건의 추구, 개인의 영적 성장, 개인이 천국 가는 정도로 본다. 이것이 틀렸다는 말이 아니다. 믿음은 개인의 결단이 맞다. 그러나 신앙에는 그런 개인적인 측면만 있는 것이 아니라 거시적인 측면도 있는 것이다.

만약 우리의 매일의 삶이 하나님의 스토리(His history)의 일부라고 생각한다면 우리의 마음가짐과 행동은 달라질 것이다. 만약 내가 한 번 죄 짓는 것이 개인적인 죄일 뿐만 아니라 하나님나라의 1패라고 생각한다면 너무 거창할까? 내가 게으른 것이, 내가 성장하지 않는 것이, 내가 영적으로 안일한 것이 하나님나라를 더디 이루게 한다고 생각하면 우리의 마음가짐은 어때야 할까? 반대로 내가 거룩해지고 영적으로 성장하고 헌신하는 것이 하나님나라를 더 견고하게 이룬다는 생각은 어떠한가?

물론 표현이 그렇다는 것이다. 하나님나라가 우리의 노력으로 이루어지거나 우리 때문에 망쳐지는 일은 없을 것이다. 그러나 이런 '시각'이 필요하다. 내 행동 하나하나가, 내 말 한 마디 한 마디가 하나님의 일을 이루기도 하고 하나님의 일을 폐하기도 한다고 본다면, 삶에 대한 우리의 태도는 분명히 더 달라져야 한다.

자녀를 양육하고 가정을 이루어나갈 때도 이러한 시각이 분명히 필요하다. 자녀가 잘되는 것, 그것은 중요하다. 성공하고 형통하는 것, 이것 역시 중요하다. 그러나 나의 자녀를 위한 선택이 하나님의 시각에서는 어떠할지를 고민해야 한다. 그렇지 않으면 우리는 자칫 길을 잃을 수 있다.

그런 의미에서 나의 작은 결단은, 그것이 지극히 개인적인 것이라고 할지라도, 그냥 작은 결단이 아니라 하나님나라에 매우 가치 있는 것일 수 있다. 우리 가정의 작은 결심이, 우리 가정에서 변화된 작은 일이 하나님나라를 이루어가는 조각들이 되는 것이다. 이 시대는 이렇게 영적으로 거시적인 시각이 필요하다.

시험이 올 때에는
- 하나님께 물어야/들어야 한다.
- 하나님의 방법으로 풀어야 한다.

– 하나님의 시각으로 보아야 한다.

약속의 땅에도 기근이 올 수 있다. 기근이 없기를 기대하는 것은 올바른 믿음이 아니다. 다만 우리는 시험 중에라도 하나님의 인도하심을 구해야 한다. 시험이 두렵다고 또 급하다고 나의 판단으로 움직일 것이 아니라, 하나님의 백성답게 하나님께 묻고 행동해야 한다. 그리고 하나님의 방법으로 하나씩 극복해나가야 한다. 작은 타협이 큰 죄를 낳을 수 있기 때문이다. 아울러 시험이 닥쳐도 늘 우리가 하나님의 큰 역사의 일부라는 것을 잊지 말아야 한다. 나의 올바른 작은 선택들이 큰 하나님의 일을 이루는 조각들이 되는 것이다.

신앙 유전자 적용 포인트

1. 약속의 땅에도 기근은 옵니다. 지난 한 주간 자녀와의 관계에서 어려웠던 것 한 가지씩만 나누어봅시다.

2. 지금 당신에게 고난이 있다면 시련, 시험, 연단, 유혹 그리고 함정 중에서 어디에 더 가깝습니까? 이것을 어떻게 극복해야 할까요?

3. 십대 자녀를 양육하면서, 당신이 하나님의 음성을 듣는 것을 방해하는 가장 큰 요소는 무엇입니까?

　① 감정: 자녀에 대한 분노를 억제하지 못한다.

　② 체면: 남의 눈을 의식한다.

　③ 완벽주의: 자녀에 대해 높은 기준을 가지고 있다.

　④ 내 고집: 나의 기준으로 판단하고 평가한다.

　⑤ 비교의식: 다른 십대 자녀와 비교한다.

　⑥ 시대의 흐름: 이 시대에 이 정도는 해야 한다고 생각한다.

　⑦ 기타

3

시험이 지속적으로 올 때의 믿음

창세기 13:1-12

시험은 지속적이다.
그러나 시험을 통해 성장한다.

"마귀가 모든 시험을 다 한 후에 얼마 동안 떠나니라"(눅 4:13).

오래 전에 이 말씀을 묵상할 때 조금 충격을 받았다. 사탄이 광야에서 "네가 만일 하나님의 아들이어든"이라고 예수님을 시험하고 나서 완전히 패한 후 예수님을 떠나갔는데, 완전히 떠난 것이 아니라 '얼마 동안' 떠났다는 것 때문이다. 그 정도 패배면 도저히 상대가 안 되겠다고 멀리 도망갈 법도 한데 그러지 않았다.

복음서를 가만히 보면, 사탄은 계속 예수님 곁을 맴돌며 십자가의 길을 가지 못하도록 시험했다. 심지어 예수님이 십자가상에서 죽어

가실 때에도 "네가 만일 하나님의 아들이어든" 내려와 보라고 조롱하며 시험했다(마 27:40). 이같이 예수님의 생애는 시험으로 시작해서 시험으로 끝났다고 해도 과언이 아니다. 예수님도 그러하셨을진대 세상 누구도, 그것이 어떤 종류의 시험이든 간에, 지속적인 시험으로부터 자유로울 사람은 없다. 그러므로 오늘날 그리스도인은 한 번의 위기를 넘겼다고, 한 번의 시험이 지나갔다고 안심하거나 안일하게 생각해서는 안 된다. 자칫하면 금방 또 다가오는 시험 앞에서 더 힘들 수 있다. 좀 다른 식으로 표현하자면, 영적 전쟁에 휴전은 없고, 영적 성장은 멈추어서는 안 되며, 어떤 일이 기다릴지 모르는 순례의 길은 계속된다는 사실을 잊지 말아야 한다.

이 장의 말씀(창 13:1-12)은 아브라함이 기근을 피해 애굽으로 갔다가 돌아온 직후의 일을 그리고 있다. 그런 시험을 겪고서 간신히 가나안 땅에 돌아왔는데, 또 다른 일이 기다리고 있었다. 겉으로는 더 부해져서 돌아온 것 같았지만 내부의 또 다른 시험에 직면한 것이다. 그런데 아브라함의 대응이 이전의 무기력한 모습과는 약간 달랐다. 따라서 아브라함의 대응 과정을 살피는 것은 지속적인 시험에 노출되어 있는 우리에게, 영적인 싸움을 계속 해나가는 우리에게, 날마다 조금씩이라도 영적인 성장을 소망하는 우리에게 좋은 도전이 될 것이다.

●─●

예배의 자리로 돌아가라

창세기 13장 3절 이후의 말씀은 아브라함의 일행이 애굽에서 돌아온 후에 있었던 일들을 이야기하고 있다. 네게브는 성경의 다른 곳에는 '남방'이라고 번역되었으며, 가나안 땅의 남쪽 사막의 특정 지역을 일컫는다. 아브라함은 애굽에서 돌아오면서 그곳을 통과하여 벧엘로 갔다. 벧엘은 '전에 장막 쳤던 곳'이며 '처음으로 제단을 쌓은 곳'이라고 표현되어 있다. 그러니까 아브라함은 실패의 쓴잔 끝에 하나님께 처음 단을 쌓은 그곳으로 돌아온 것이다. 그는 거기서 여호와의 이름을 불렀다. 쉽게 말하면 예배했다는 말이다. 아브라함은 시험과 실패 끝에 초심, 곧 예배의 자리로 돌아온 것이다.

우리 인생에 시행착오가 있을 수 있지만, 그때마다 예배의 자리로 돌아가는 것이 상책이다. 우리는 완벽하지 않다. 우리가 믿음 생활을 할 때도 실수와 실패가 있을 수 있다. 그러나 그럴 때에 우리는 예배의 자리로 다시 나아가야 한다. 부모로서 자녀들을 양육하면서 실수와 실패를 거듭할 수 있다. 그럴 때에도 부모는 처음 그 자리, 하나님을 예배하며 은혜를 받았던 그 자리로 나아가야 한다.

아브라함이 믿음의 조상이라고 불렸던 것은 그가 완벽해서가 아니었다. 실수나 실패를 하지 않아서가 아니었다. 그가 믿음의 조상이 된 것은 실패해도 항상 예배의 자리로 돌아갔기 때문이다. 성경을 펼쳐 보자. 아브라함이 가나안 땅에 정착하며 장막을 치고서 제일 먼저 한 일은 제단을 쌓고 하나님께 예배드린 것이었다.

여호와께서 아브람에게 나타나 이르시되 내가 이 땅을 네 자손에게 주리라 하신지라 자기에게 나타나신 여호와께 그가 그곳에서 제단을

쌓고 _창 12:7

후에 벧엘과 아이 사이로 옮겨갔는데, 여기서 아브라함은 두 번째 단을 쌓고 제사를 드린다.

거기서 벧엘 동쪽 산으로 옮겨 장막을 치니 서쪽은 벧엘이요 동쪽은 아이라 그가 그곳에서 여호와께 제단을 쌓고 여호와의 이름을 부르더니 _창 12:8

이 장의 본문에 의하면, 아브라함은 애굽에서 네게브를 거쳐 돌아와 제단에서 예배를 드렸다.

그가 처음으로 제단을 쌓은 곳이라 그가 거기서 여호와의 이름을 불렀더라 _창 13:4

롯의 가족들과 갈등이 생기자 각각 따로 살게 되어, 롯의 가족들을 떠나보낸 후에 아브라함은 제단을 쌓고 하나님께 예배드렸다.

이에 아브람이 장막을 옮겨 헤브론에 있는 마므레 상수리 수풀에 이르러 거주하며 거기서 여호와를 위하여 제단을 쌓았더라 _창 13:18

아브라함이 롯을 구하고 한 일은, 멜기세덱에게 십일조를 바치며 예배한 것이다. 이후 하나님과 언약을 세우며 단을 쌓고 예배드렸다.

> 여호와께서 그에게 이르시되 나를 위하여 삼 년 된 암소와 삼 년 된 암
> 염소와 삼 년 된 숫양과 산비둘기와 집비둘기 새끼를 가져올지니라
> _창 15:9

아브라함은 아비멜렉과 우물을 놓고 갈등 끝에 계약으로 잘 마무리
하고 나서 그곳에서 예배드렸다.

> 아브라함은 브엘세바에 에셀 나무를 심고 거기서 영원하신 여호와의
> 이름을 불렀으며 _창 21:33

나중에 이삭을 바치러 모리아 산에 간 이유도 제단을 쌓고 예배드
리기 위함이었다.

> 하나님이 그에게 일러주신 곳에 이른지라 이에 아브라함이 그곳에 제
> 단을 쌓고 _창 22:9

우리가 아브라함의 삶을 통해서 알 수 있는 것은, 아브라함은 살면
서 실수도 실패도 많이 했지만, 기본적으로 그는 예배의 사람이었다
는 것이다. 아브라함은 예배드리는 일에는 실패하지 않았다. 그는 언
제나 예배의 자리로 돌아왔다.

자녀를 양육하는 우리에게 주는 도전은 이것이다. 양육의 기술을 익히거나 상담의 기법을 배우는 것도 중요하다. 그러나 기본적으로 부모가 먼저 예배의 자리로 돌아가야 한다. 자녀에게 좋은 것을 공급하는 것도 중요하지만 자녀를 예배의 자리로 인도하는 것이 최고의 선물이다. 예배자 아브라함의 모습을 본 아들 이삭도 우물 때문에 아버지와 비슷한 갈등을 겪은 후 예배를 드렸다.

이삭이 그곳에 제단을 쌓고, 여호와의 이름을 부르며 거기 장막을 쳤더니 이삭의 종들이 거기서도 우물을 팠더라 _창 26:25

손자 야곱 역시 형의 눈을 피해 가나안 땅을 떠나며 (벧엘에서 하나님의 천사를 만나고) 예배드렸고(창 28:16-22), 가나안으로 돌아와서 처음 한 일도 제단을 쌓고 예배한 것이었다(창 33:20). 이후 디나 사건으로 정신이 들고 나서 처음 한 일도 벧엘로 올라가서 단을 쌓고 예배한 것이었다.

그가 거기서 제단을 쌓고 그곳을 엘벧엘이라 불렀으니 이는 그의 형의 낯을 피할 때에 하나님이 거기서 그에게 나타나셨음이더라 _창 35:7

부모가 자녀를 키우는 동안 수많은 시험과 시련과 유혹 가운데 실수와 실패를 거듭할 수 있지만, 그럴 때면 처음 그 자리, 하나님을 예배하는 자리로 다시 나아가야 한다. 그것이 회복의 열쇠이다.

문제를 직시하고 피차 섬김을 선택하라

우리는 예배를 잘 드리면 우리 삶이 평안하고 형통할 것이라고 종종 기대한다. '이번 주에는 예배를 잘(?) 드렸으니 하나님이 평안한 한 주간을 주실 거야.' 혹은 반대로, '이번 주일 예배를 제대로 못 드렸는데 안 좋은 일이 일어나는 것 아냐?' 이런 식으로 생각할 수 있다. 그러나 예배는 주술이 아니다. 예배 잘 드린다고 해서 갑자기 자녀가 잘되고 사업이 잘되지 않는다. 하나님의 참된 백성이라면 이런 것들 때문에 예배드리지 않는다. 예배는 하나님을 바꾸는 것이 아니라 오히려 나를 바꾸는 것이다. 하나님께 나를 맞추는 것이 예배이다. 나의 기준과 나의 마음을 내려놓고 하나님의 기준과 하나님의 마음에 초점을 맞추는 것이다.

영국의 수도 런던에 가면 시내 한가운데 빅벤이라는 큰 시계가 있다. 이 시계는 1859년에 만들어졌는데, 예나 지금이나 정확하게 시간을 알려준다고 한다. 지금에야 누구나 다 정확한 시계를 가지고 있지만, 옛날의 회중시계는 천천히 가기도 하고, 태엽을 감아주지 않으면 자주 멈췄다. 그래서 빅벤이 12시를 울릴 때마다 사람들이 지나가던 걸음을 멈추고 자기 시계를 거기에 맞추었다고 한다.

예배는 바로 이런 것이다. 예배는 주술도 아니고 공력을 쌓는 것도 아니다. 우리 삶의 흐트러진 부분을 다시 하나님께 맞추는 것이다. 그래서 하나님만이 위대하시고, 하나님만이 세상의 주관자이시며, 하나님만이 내 인생의 왕이심을 확인하고, 그분의 왕 되심을 다시 인정하는 것이 예배이다.

그러므로 우리가 고난 가운데 마음을 잡고 예배의 자리로 돌아와 새로운 출발을 한다고 해서, 이젠 아무런 문제가 없을 것이라고 기대해서는 안 된다. 예배의 자리로 돌아가도 자녀는 여전하고, 한 문제를 넘으면 또 다른 문제가 기다리고 있는 것이 현실이다. 그러나 예배는 환경을 바꾸는 것이 아니라 나를 바꾸는 것이다. 그래서 내가 진정한 예배자라면 그 문제를 하나님의 방법으로 풀어가고, 또 그 과정 가운데서 하나님의 은혜를 경험하게 된다.

아브라함이 그렇게 예배의 자리로 돌아가 나름의 '새 출발'을 했지만 그의 앞날에 탄탄대로가 기다린 것은 아니었다. 여전히 시험이 기다리고 있었다. 롯의 가족과 갈등이 일어난 것이다.

2절을 보면 아브라함에게 가축과 은과 금이 풍부했다고 기록되어 있다. 아마도 애굽 왕에게서 보상을 상당히 많이 받고 나온 것 같다. 6절은 그들의 소유가 많다고 기록한다. 가나안에 온 외지인치곤 10년 만에 꽤 크게 부를 축적한 것 같다. 나중에 군대를 일으켜 롯을 구해올 정도였으니 재력과 군사력이 웬만한 부족처럼 확보된 것 같다. 이쯤 되면 뭐가 부족했을까 싶다.

그러나 바로 그것이 문제가 되었다. 재산이 많아지고 식솔들이 많아지니 서로 충돌하기 시작했다. 재산이 많아지니 그에 맞게 또 다른 수준의 문제가 발생한 것이다. 가난하면 가난한 대로 어려움이 있고, 부요하면 부요한 대로 어려움이 있는 법이다.

목회를 하면서 발견하는 사실은, 기도 제목 없는 집이 없다는 것이다. 경제적으로 어려우면 어려운 대로 기도 제목이 있는가 하면, 돈이 많으면 많은 대로 기도 제목이 있다. 어떤 집은 "돈만 있으면…" 하지만 또 어떤 집은 "차라리 돈이 없었더라면…" 하는 이야기를 한다. 모두 각자의 수준에서 어려움이 있으니, 곁에서 보이는 것만 가지고 서로 부러워할 것은 없다.

자녀를 양육할 때도 마찬가지이다. 자녀가 어리면 어린 대로 어려움이 있고, 십대면 십대의 어려움이 있고, 그 후에는 또 그 후의 어려움이 있다. 특히 자녀가 자라면서 십대가 되면 몸도 머리도 커지기 때문에 (생각의 크기가 커지기 때문에) 부대낄 수밖에 없다. 우선 물리적으로 부대낀다. 집의 크기가 늘어나지 않는 한 자녀는 자꾸 밖으로 나간다. 혹 그것을 자녀가 철없이 집을 불편하게 여긴다고 생각하거나 생각이 없다고 몰아가면 안 된다. 몸이 커지면서 점점 더 집(물리적 공간)이 좁아진 것뿐이다.

게다가 생각의 크기가 커지면서 부모와 자주 충돌한다. 생각과 사상이 부대끼는 것이다. 그래서 전에는 "예" 하던 아이가 이제는 "왜" 하기 시작한다. 자녀가 컸다는 것을 의식적이든 무의식적이든 간에 인정하지 않고 전과 같은 기준을 가지고 가르치려 들며 부모로서 자존심을 세운다면 갈등만 커질 뿐이다.[18]

그럴 때 아브라함은 먼저 문제를 직시했다. 회피하지 않았다. 그리고 롯에게 잘 생각해서 스스로 선택하도록 이끌었다. 이 모습은 자신의 안위를 위해 아내를 누이라고 둘러대던 비겁했던 모습과 대조된

18　[그림 3]

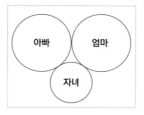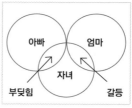

[그림 3] 자녀의 성장과 가정의 갈등

다. 그는 애굽에서는 회피와 핑계로 일관했지만, 이제는 문제를 직시하고 정면 돌파하고 있다. 아브라함은 시험을 겪으면서 천천히 성장한 것이다.

시험 중에는 무조건 피해야 하는 시험들도 있다. 성경에서 음행이나 우상숭배는 정면으로 싸워서 이기는 것이 아니라 피해야 하는 것이라고 말한다(고전 6:18; 딤후 2:22; 고전 10:14). 어리석은 변론이나 돈의 유혹도 여기에 속한다(딤전 6:10-11,20). 그러나 어떤 시험은 회피하지 말고 싸워 이겨내며 정면으로 돌파해야 한다.

정면 돌파라고 해서 아브라함이 힘으로 이것을 극복했다는 말은 아니다. 그는 롯을 형제(13:8, 개역개정에는 '친족'이라고 번역)와 같이 대하며 이 일을 풀어나가고 있다. 아브라함은 족장이었다. 당시에는 족장이 가족에게 절대적인 권한을 가지고 있었다. 그냥 힘으로 눌러도 아무도 뭐라고 하지 않았을 것이다. 그러나 힘으로 눌러 덮지 않고 문제를 평화롭게 해결하려고 했다. 힘으로, 권위로 눌러 평화를 유지하려는 것은 순간의 효과는 볼지 몰라도 언젠가는 문제가 다시 불거져 나

신앙 유전자

온다. 십자가의 방법으로 하는 것이 정면 돌파이다(롬 12:19-21).

오늘날 우리 가정에서도 마찬가지가 아닌가 싶다. 아빠이든 엄마이든, 가정을 이끌고 자녀들을 돌볼 때 힘과 권위로 누르는 것은 한계가 있다. 자녀들에게도 그렇지만 부부 상호간에는 더더욱 그럴 것이다. 부부 사이는 힘과 권위를 겨루기 쉽다. 바울의 권면처럼 '피차 복종'이 성경적이고 효과적인 방법이다(엡 5:21). 자녀들에게도 마찬가지이다. 힘과 권위를 잘못 사용하면 자녀를 노엽게 할 수 있다. 필요한 것은 주의 교양과 훈계로 양육하는 것이다(엡 6:4).

우리는 이 장에서 아브라함이 문제를 회피하지 않고 정면 돌파를 하되 '피차 섬김'의 방법으로 그것을 풀어나가는 것을 볼 수 있다. 선으로 악을 이긴 것이다(롬 12:21). 이것이 한 단계 성숙한 아브라함의 대처 방법이었다. 오늘 우리에게도 이런 지혜와 성숙함이 필요하다.

●─●
적당한 거리를 유지하라

이제 우리는 이러한 위기를 맞은 아브라함이 그것을 '실제적으로' 어떻게 해결해나갔는지 살펴볼 필요가 있다. 아브라함은 롯에게 문제를 추궁하고 책임을 묻기보다 해결책을 제시하고자 했다. 그 해결책은 롯으로 하여금 독립하도록 하는 것이었다. 우리는 한 가족이니 무조건 같이 있자고 하지 않았다. 적당히 거리를 두자는 것이 아브라함의 해결책이었다.

때로는 문제 상황과 적절한 거리를 유지하는 것도 문제 해결 방법

중에 하나이다. 사람과 사람 사이도 비슷하다. 물론 적당한 거리를 두는 것이 유일한 방법이란 말은 아니다. 하지만 덮어놓고 같이 있는 것도 다 좋은 것은 아니다. 부부간을 예로 들면, 분방하는 것은 결코 좋지 않지만 때로는 적당한 거리를 두면서 기도하는 것이 좋은 방법일 수 있다. 단, 기간이 길어지면 결코 안 된다(고전 7:5). 부부는 본래 하나이기 때문이다.

그렇지만 자녀들의 경우는 좀 다르다. 자녀들을 잘 떠나보내는 것이 부모의 사명이다(창 2:24). 앞에서 언급한 것처럼 자녀가 자라나면서 서로 충돌이 일어나는데, 그럴 때는 자녀의 생각을 미주알고주알 파악하려 하지 말고, 자녀에게 자기만의 생각의 공간을 어느 정도 허용할 필요가 있다.[19] 서로 숨 쉴 틈을 만들어야 하는 것이다. 청소년의 경우 아무리 방을 어지럽게 사용하더라도, 잔소리부터 하기보다 차라리 문을 닫아두라고 전문가들은 권한다. 그리고 자녀가 혼자 지닐 수 있는 공간(물리적, 정신적)을 주라고 한다. 누구를 만나는지, 용돈을 어디에 쓰는지 모른 척해줘야 할 때도 있다. 이런 과정이 결국 자녀들을 잘 떠나보내도록 준비하는 과정일 것이다.

적당한 거리를 두자는 것이 책임을 소홀히 하거나 그냥 내버려 두라는 이야기는 아니다. 아브라함은 롯으로 하여금 지낼 곳을 선택하게 했다. '네가 좌하면 내가 우하고, 네가 우하면 내가 좌할 것'이라고 했다. 여기에 대해서는 긍정적인 평가와 부정적인 평가 두 가지가 다 있다. 아브라함이 자기주장을 하지 않고 롯으로 하여금 선택할 수 있

19 [그림 4]

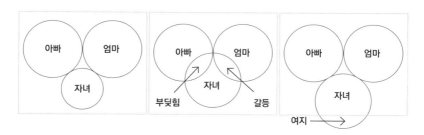

[그림 4] 부모와 자녀가 적당한 거리(여지)를 두기

도록 배려한 점은 긍정적이었다. 그러나 올바른 선택을 하도록 돕지 않았다는 면에서는 부정적이다. 아브라함의 배려는 돋보였지만 롯에게 선택을 맡기기만 한 것은 실수였다. 롯은 잘못된 선택을 했다. 눈에 보이는 것만으로 판단하여 소돔 땅을 선택한 것이다. 결국 나중에는 롯뿐만 아니라 아브라함까지도 그 선택의 대가를 톡톡히 치르게 된다. 아브라함은 롯을 배려하되 잘 결정하도록 도와주었어야 했다.

부모 역시 자녀를 배려하는 동시에 올바른 선택을 하도록 도와주어야 한다. 말은 쉽지만 이게 여간 어려운 일이 아니다. 방치하거나 지나치게 간섭하거나, 이 둘 중 하나가 되기 쉽다. 지나치게 간섭하면 자녀는 나중에도 스스로 결정하는 것을 어려워할 것이다. 이런 경우 독립하고 싶지만 그렇게 하지 못하는, 부모에 대한 의존도가 높은 성인 아이가 될 가능성이 높다. 반대로 너무 배려하면 방치가 되는데, 그럴 경우 자녀가 잘못된 선택을 하기가 쉽다. 이런 경우는 경계선 (boundary)이 없는 아이가 될 수 있다.

그럼 어떻게 해야 할까? 아마도 본질적인 문제는 좀 더 단호하게,

비본질적인 문제는 좀 더 관대하게 지도하는 것이 한 방법일 것이다. 한 청소년 교육 전문가는 '큰 문제'와 '작은 문제'를 잘 선별하여 큰 문제, 예컨대 도덕적이거나 영적인 문제라면 좀 더 능동적으로 지도하고, 작은 문제, 예컨대 옷차림, 방 청소, 듣는 음악 종류나 소리 등은 좀 넘어가주라고 조언한다.[20] 나 역시 아버지로서 스스로를 돌아보니, 자녀들의 작은 문제에 너무 집착하여 큰 문제를 논하는 데까지 가지 못한 때가 많았다. 게다가 작은 문제에 잔소리를 많이 하다 보니 큰 문제를 말할 때도 자녀들은 그 말을 잔소리로 듣곤 했다.

아마도 자녀의 큰 문제를 가장 확실하게 지도할 수 있는 좋은 통로는 가정예배가 아닌가 싶다. 인생의 원리 대부분은 예배를 드리면서 읽는 성경에 다 나와 있는 것 같다. 그러면 자녀들이 작은 선택을 할 때, 그 원리에 힘입어 올바른 결정을 할 수 있지 않을까? 어차피 부모가 다 결정해주지 못한다. 자녀들이 부모의 결정에 다 따르는 것도 아니다. 그러므로 결정과 선택에 있어서 홀로 서기를 할 수 있도록 돕는 것이 부모의 역할이 아닌가 싶다. 너무 뻔한 대답일지 모르지만, 가정예배는 자녀들을 지나치게 간섭하지 않으며, 동시에 방치하지도 않으면서 홀로서기를 돕는 아주 좋은 방법이다.

시험이 지속적으로 올 때
– 예배의 자리로 다시 돌아간다.

20　Dave & Claudia Arp, PEP groups for parents of teens(David C. Cook 1994), 3장에서 주로 이 문제를 다루고 있다.

– 문제를 직시하고 섬김의 방법으로 풀어간다.

– 적당한 거리를 둔다.

아브라함에게 시험은 계속되었다. 그러나 그는 늘 예배의 자리로 돌아오려고 했고, 잔재주로 시험을 빠져나가려 하기보다 정직하게 직면하려고 했으며, 섬김의 방법으로 풀어나가려고 했다. 그는 시험을 통해 그렇게 조금씩 성숙해갔다.

시험이 계속 온다는 것은, 어쩌면 계속 성숙해가는 중이라는 증거일 수도 있다. 오늘날 우리도 시험을 받으면서 점점 더 온전해지는 것이다.

그러나 내가 가는 길을 그가 아시나니 그가 나를 단련하신 후에는 내가 순금같이 되어 나오리라 _욥 23:10

신앙 유전자 적용 포인트

1. 세상에 사는 동안 시험은 계속됩니다. 내게 다가오는 시험을 인지하고 있습니까? 혹시 영적으로 무감각하게 수동적으로 당하고만 있지는 않습니까?

_____

_____

2. 그리스도인이 지속적인 시험 가운데 잊지 말아야 하고 또 반드시 돌아가야 하는 자리는 예배의 자리였습니다. 당신과 당신의 자녀는 예배자입니까? 자녀가 언제나 예배의 자리로 돌아갈 수 있게 하기 위해 어떻게 도와야 할까요?

_____

_____

3. 자녀를 힘과 권위로 지배합니까, 아니면 성경적으로 '피차 복종'이라는 기준으로 자녀를 대합니까?

_____

_____

4. 자녀를 무조건 통제한다고 좋은 것도 아니고, 반대로 무책임하게 내버려 두는 것도 좋지 않습니다. 당신은 지금 자녀와 적당한 거리를 유지하고 있습니까? 너무 가까워도, 반대로 너무 멀어도 문제가 생기게 마련입니다. 혹시 거리 조절에 실패하여 발생한 문제는 없는지 살펴봅시다.

_____

4

드려야 할 때와
쥐버려야 할 때의 믿음

창세기 14:17-24

하나님의 백성은 아름답게 드리고
깨끗하게 줘버려야 한다.

아브라함의 식솔과 롯의 식솔이 각각 늘어나면서 갈등이 일어나자
아브라함은 롯과 거리를 조금 두고 살고자 했다. 그래서 롯에게 살 곳
을 먼저 선택하게 했는데, 롯의 눈에는 요단 지역의 소돔과 고모라가
풍요롭고 문명도 발달한 것같이 보여서 그곳을 선택했다. 하지만 겉
으로 보이는 것과 달리 그 지역은 위험했다. 도덕적, 영적으로 타락한
지역이었고(창 13:13) 갈등과 폭력의 중심지였다.

기존 패권		도전
시날(아므라벨) 엘라살(아리옥) 엘람(그돌라오멜) 고임(디달)	vs	소돔(베라) 고모라(비르사) 아드마(시납) 스보임(세메벨) 소알(벨라)

[그림 5] 사해대전 대전표

마침 롯이 그곳에 정착할 무렵 사해 인근의 패권을 놓고 9개 부족이 서로 힘겨루기를 하기 시작했다. 결국 소돔과 고모라를 중심으로 한 다섯 왕이 연합하여, 그들이 본래 주종관계로 섬기던 네 왕을 배신하고 전쟁을 일으켰다.[21]

반란이 성공할 줄 알았지만 그들은 전쟁에서 크게 패하고 말았다. 소돔과 고모라 왕은 도주하고 소돔 연합은 그들의 가족과 재산을 다 빼앗겼는데, 그 와중에 그곳에 살던 롯의 가족도 끌려갔다. 이에 아브라함이 특공대 318명을 데리고 그들을 추격하여, 기습 공격으로 롯의 가족과 재산뿐 아니라 전쟁에서 패한 소돔 연합군의 백성과 재산까지 되찾아왔다. 이 장의 말씀은 그 직후, 즉 아브라함이 승리한 후 귀환하는 과정에서 있었던 일을 기록하고 있다.

아브라함은 승리하고 돌아오면서 두 왕을 만났는데, 한 왕은 멜기세덱이고 다른 왕은 소돔 왕이다. 두 왕에 대한 아브라함의 반응은 사뭇 달랐다. 한 왕에게는 재물을 기꺼이 드렸고, 다른 왕에게는 그냥 '줘버렸다'. 우리는 여기서 두 가지를 묵상할 수 있다. 아름답게 드린

21 [그림 5]

십일조와 깨끗이 줘버린 재물이다. 이 두 가지를 살펴보자.

●—●

아름답게 드린 십일조

멜기세덱 왕은 전쟁에 지친 아브라함 일행을 위해 음식을 준비하여 마중 나왔다. 멜기세덱이 누구인지는 정확하지 않다. 성경은 그가 (예루)살렘의 지극히 높으신 하나님의 제사장이며 왕이었다고 한다. 앞서 12장에서 살펴본 바와 같이, 아브라함 시대에 아브라함만 하나님을 알았던 것은 아니다. 숫자는 알 수 없지만 당대에 하나님을 섬기는 사람들이 꽤 있었다. 멜기세덱은 그 사람들을 이끄는 제정일치(祭政一致) 사회의 리더, 즉 제사장이며 왕이었다.

그가 아브라함을 맞이하러 나오면서 하나님의 이름으로 아브라함을 축복했다. "천지의 주재시요 지극히 높으신 하나님이여, 아브람에게 복을 주옵소서!" 그때 아브라함은 분명히, 다시 한 번 확인하였다. '아! 이 전쟁이 내가 잘해서 이긴 것이 아니구나. 하나님이 함께하셔서 이겼구나!' 그래서 아브라함은 감사의 마음으로, 그가 얻은 전리품의 십분의 일을 기꺼이 하나님께 바쳤다.

오늘날 십일조에 대해서는 많은 오해와 견해들이 있다. 한쪽에서는 십일조를 잘해서 축복받았다는 이야기가 주류를 이룬다. 록펠러나 존 워너메이커가 십일조를 꼬박꼬박 해서 결국 세계적인 부자가 되었다는 이야기는 한 번쯤 들어보았을 것이다. 아예 《십일조로 복 받은 세계 부자들》이란 책도 있다.[22] 그 책엔 역경 가운데서도 십일조를 구별하여 드렸더니 하나님이 그들을 거부가 되게 하셨다는 유명인 여섯 명의 이야기가 나온다. 이런 이야기를 대할 때는 지나친 경외감이든 지나친 거부감이든, 둘 다 도움이 되지 않는다.

먼저, 그들의 신앙고백은 마땅히 존중받아야 한다. 비록 부족한 부분이 있었을지라도, 자신들이 할 수 있는 최선을 하나님께 드렸다. 우리가 그들의 신앙을 함부로 왈가왈부할 수 없다. 그들은 단순히 많이 벌어서 많이 헌금한 사람들이 아니다. 완벽하지는 않지만, 그들의 신앙 수준에서 하나님 앞에 마땅히 드릴 것을 드린 사람들이다.

하지만 이런 예에 대한 지나친 경외감은 십일조의 근본 취지를 망각하게 한다. 어떤 사람은 십일조를 많이 하는 것만이 축복의 확실한 증거인 것처럼 말한다. 심지어 어떤 사람은 십일조를 많이 하는 사람이 되게 해 달라고 기도한다. 이쯤 되면 십일조가 목적인지 부자가 되는 것이 목적인지 구별하기 힘들어진다. 나중에는 십일조가 부자가 되기 위한 수단이 되고, 십일조 자체가 목적이 되고 자랑이 되어, 결국 십일조가 치명적인 자기 의가 되는 경우를 종종 보게 된다. 이렇게 되는 것은 하나님이 원하시는 바가 아니다. 오히려 하나님의 뜻에 역행하는 것이다.

다른 한편에는 십일조에 지나친 거부감을 가진 사람들이 있다. 그들은 십일조는 구약의 율법이며 오늘날엔 그것을 더 이상 지킬 필요가 없다고 주장한다. 물론 오늘날 구약의 율법을 '문자 그대로' 지키

22   이채윤, 《십일조로 복 받은 세계 부자들》(iN크리스토, 2016).

는 것은 의미가 없다. 그러나 우리는 십일조가 율법이기 전에 고대 문명사회에서 두루 행하던 관습이었다는 것도 동시에 고려해야 한다.[23] 심지어 고대 중국에도 십일조 관습이 있었다.[24] 아브라함의 십일조에 대한 이 기록도 율법이 있기 줄잡아 500년 전(BC 2000년 경)의 이야기이다. 따라서 아브라함은 율법의 요구에 따라 십일조를 드린 것이 아니었다. 당시에 하던 관습대로 드린 것이었다.

그러므로 우리는 십일조에 대한 지나친 경외감이나 거부감을 내려놓고 그 본래 취지가 무엇이었는지, 십일조의 정신이 무엇이었는지 먼저 헤아릴 필요가 있다. 십일조는 적어도 다음의 세 가지 의미가 있었다.

첫째는 예배(Worship)이다. 십일조는 예배의 의미를 가지고 있었다. 성경에서나 성경 아닌 책에서나, 십일조는 신이나 왕(제정일치 사회에서 신 혹은 신의 대리자)에게 경배와 감사의 표시로 했던 것이라고 기록되었다. 십일조는 고대에 상당히 보편적으로 행해졌던 예배 행위의 일부로서 제물(offering)로 드려졌다. 이런 의미의 십일조는 기부와 조금 다른 의미가 있었다. 십일조는 선심을 베푸는 것이 아니라, 명백히 예물이었다.

---

23 웬함, 《창세기》 1-15, 553; 브루스 K. 월키, 캐시 J. 프레드릭스, 《창세기 주석 》(새물결플러스, 2001), 414; 특별히, Carpenter, E. E. "Tithe" in G. W. Bromiley (Ed.), The International Standard Bible Encyclopedia(Revised), Vol. 4(Eerdmans, 1979~1988), 861.

24 하, 은, 주 시대의 십일조의 존재에 대한 흔적들이 남아 있다. 정전제인데, 문자적으로는 9분의 1이지만 실제로는 10분의 1로 시행되었다고 한다. "정전제(井田制)" in sillokwiki, http://dh.aks.ac.kr/sillokwiki/index.php?title=%EC%A0%95%EC%A0%84%EC%A0%9C(%E4%BA%95%E7%94%B0%E5%88%B6)&oldid=10933(2020년 5월 16일에 접근).

둘째는 통치권을 인정하는 것(Lordship)이다. 십일조는 왕의 통치를 인정하는 행위로서 바친 것이었다.[25] 고대의 십일조는 일종의 세금이나 공물(tribute)이었다. 고대에 왕에게 세금과 공물을 바치는 것은 그 왕의 통치를 받고 있고 그 왕에게 충성한다는 의미였다. 즉, 십일조는 세금과 공물의 일환으로써 왕권을 인정한다는 표시였다. 왕의 주권을 충성스럽게 인정한다는 의사 표현인 것이다. 마찬가지로 하나님께 (혹은 자기가 믿는 신에게) 십일조를 바친다는 것은 하나님의 (혹은 그 신의) 통치와 주권을 인정하는 행동이었다.

셋째는 멤버십(Membership)이다. 조금 의미를 확장하자면, 십일조는 백성의 일원(member)인 것을 표현하는 행위였다. 일종의 분담금이나 회비(dues)였다는 말이다. 세금은 그것을 내는 사람이 그 사회 공동체의 일원임을 스스로 인정하는 행위이다. 자기가 그곳에 속했다는 표지(標識)였다. 그것으로 그 사회 공동체의 공적 비용을 감당했다. 십일조는 그런 것이었다.

좁혀서 생각하면, 내가 어떤 모임의 일원일 때 회비를 내는 행위는 그 모임의 일원임을 인정하는 것이고, 그 모임에 대해 책임이 있는 한 사람이라는 것을 표현하는 일이다. 모임에 대해 책임이 없거나 나가기 싫은 모임에는 회비를 내지 않는다. 반대로 내가 그 모임의 일원이라는 것을 기쁘고 자랑스럽게 생각한다면 회비를 기쁨으로 낸다. (내지 말라고 해도 낸다.) 고대 사회에서 십일조는 세금이나 회비 비슷한 것으로, 자신이 그 국가의 통치를 받는 백성이고 책임 있는 일원임을

---

25 비교, 삼상 8:15,17.

표현하는 행위였다.

아브라함이 드린 십일조 역시 이런 의미가 있었다. 먼저 하나님께 감사하는 예물로 드렸다. 제사장 멜기세덱에게 감사의 제물로 드린 것이다(Worship). 또한 하나님의 통치를 인정하는 충성의 표현으로 드렸다. 하나님이 전쟁과 전리품의 주인임을 분명히 한 것이다(Lordship). 그리고 하나님의 백성 됨을 표시하는 행위였다(Membership). 멜기세덱에게 '나는 당신 혹은 당신의 백성과 같은 종류의 사람입니다'라고 표현한 것이다. 이런 의미로 아브라함은 조금의 망설임도 없이, 늘 하던 대로 십일조를 드렸다.

오늘날 우리가 하는 십일조도 같은 의미를 가지고 있다. 구약 율법에서 지정해서가 아니라, 예배의 일부로서 하나님께 감사의 제물을 드리는 것이다. 나의 삶, 특별히 나의 재물에서 하나님의 주권을 인정하는 행위이다. 그리고 내가 하나님의 백성의 일원이고 교회의 일원임을 기뻐하는 표시로 드린다. 이런 의미에서 십일조는 '자발적 강제성'을 갖는다. 누가 하라고 해서 하는 일은 아니지만, 반드시 해야 하는 것이다.

그러면 왜 그렇게 물질을 드리는 것이 중요한가? 우리의 헌신의 모습은 여러 가지이다. 시간을 드리는 것도 열정을 드리는 것도 헌신이다. 나의 은사와 달란트를 잘 활용하여 하나님의 나라에 기여하는 것 역시 헌신이다. 물질만 우리의 헌신도를 측정하는 기준은 아니다. 그러나 뭐니 뭐니 해도 머니(돈)가 있는 곳에 우리의 마음이 있다(비교, 마 6:21). 내가 가장 돈을 많이 쓰는 곳이 내가 가장 중요하게 여기는 곳이다. 예를 들어, 가정에서 가장 많은 돈을 쓰는 곳이 그 가정이 가장 중요하게 생각하는 곳이다. 따라서 가정의 물질 사용 내역을 보면 그 가정의 믿음을 평가할 수도 있다. 물질을 드리는 것은 물론 우리 신앙의 중요한 바로미터가 될 수 있다.

십일조 때문에 시험 든다는 사람이 많다는 것은 그만큼 돈이 중요하고 소중하다는 말이기도 하다. 그래서 사람들은 돈 때문에 마음이 금세 기쁘기도 하고 상하기도 하는 것이다. 이런 의미에서 유대인 중에는 아브라함이 십일조를 드린 일을 물질에 대한 하나님의 시험을 통과한 것이었다고 생각하는 사람들이 있었다.[26]

그러면, 왜 십분의 일일까? 여기에 대해 확실한 답은 없는 것 같다. 아마도 '잘 모른다'가 답일 것이다. 추측건대 옛날부터 십분의 일은 사람이 재물에 대해서 갈등하는 심리적 저항선이 아닌가 싶다. 십분의 일보다 많으면 정말 많다고 생각되고, 십분의 일보다 적으면 약간 모자라다고 생각되는, 심리적으로 최소한과 최대한이 만나는 지점 말이다.

김동호 목사는 십일조를 유격 훈련에 비유했다. 군에는 '막타워(Mock Tower, 모형탑) 하강 훈련'이라는 것이 있다. 모형 낙하산을 메고 줄을 타고 탑에서 뛰어내리는 훈련인데, 그 탑의 높이가 인간이 가장 공포를 느끼는 11미터라고 한다. 교관의 설명에 의하면, 너무 낮으면 훈련의 효과가 없고, 그렇다고 너무 높아도 높아진 만큼의 효과는 없다고 한다. 그러면서 재물의 십분의 일이 아마도 막타워의 높이와

---

26   비교, 희년서 17:17-18.

비슷한 것 같다고 설교하였다.

왜 십분의 일인지 우리는 모르지만, 아주 옛날부터 예배의 일환으로, 하나님의 주 되심을 인정하는 행위로, 우리가 그분의 백성 됨의 표시로서 십일조를 드려왔으며, 오늘날도 그 의미는 같다고 할 수 있다. 이와 같이, 지나친 경외감이나 지나친 거부감을 배제하고 순전하고 정직하게 십일조를 드릴 때 하나님은 복을 약속하셨다.

> 너희의 온전한 십일조를 창고에 들여 나의 집에 양식이 있게 하고 그
> 것으로 나를 시험하여 내가 하늘 문을 열고 너희에게 복을 쌓을 곳이
> 없도록 붓지 아니하나 보라 _말 3:10

이 말씀을 십일조와 부자가 되는 것에 연결시키려 들면 안 된다. 여기에서 말하는 복이 물질적 복만도 아닐 것이다. 하지만 그렇게 헌신하는 사람에게 하나님이 하늘의 것으로, 그것이 물질인지 그 무엇인지는 모르지만, 부어주겠다고 약속하신 것은 확실하다.

정직하게 드릴 것을 드리면서 하나님의 칭찬을 기대하는 것을 기복신앙이라고 몰아갈 필요는 없다. 열심히 훈련한 운동선수가 우승을 바라는 것은 유치한 것이 아니다. 당연한 일이다. 그러나 병역 면제를 받을 생각으로 운동을 한다면 이야기가 달라진다. 물론 때로 그런 대가를 기대하는 경우가 더 좋은 결과를 내기도 한다. 그래서 교회에서도 이런 식으로 잘못 격려할 때가 있지만, 정직하게 드린 헌신에 대해 하나님의 칭찬을 기대하는 것이 무조건 나쁜 것은 아니다.

C. S. 루이스도 "작위나 하나 얻어볼까 하는 마음에 전쟁터에 나가 싸우는 장군이 있다면, 그것은 세속적인 것입니다. 반면 승리를 얻기 위해 싸우는 장군은 세속적인 것이 아닙니다. 전쟁에서의 승리는, 그 장군에게는 전투에 대한 합당한 보상인 것입니다"라고 말했다.[27] 그 것과 마찬가지로, 우리가 받을 상 때문에 하나님의 백성답게 살려고 하는 것은 세속적이다. 물질적인 보상을 바라고 십일조를 하고 복을 받으려고 봉사와 헌신을 하는 것은 세상적인 것이다. 그것은 심지어 하나님을 이용하려는 악한 의도이다. 그러나 하나님은 그것을 다 아 신다. 하나님은 만홀히, 즉 만만히 여김을 받을 분이 아니시다(갈 6:7).

반면에 정직하고 올바르게 십일조를 하고 최선을 다해 헌신하면서, 그에 '합당한' 보상을 기대하는 것은 악하지 않다. 하나님께서 우리의 헌신을 아시고 하나님이 생각하는 가장 좋은 것으로 복 주신다는 사 실은 확실하다.

십일조를 하기 힘든 분들을 위해 실제적인 조언을 하자면, 먼저 십 일조를 결심하자. 미루지 말고 바로 결심하자. 그리고 100분의 1부 터 드리기를 시작해보자. 다음 달에는 100분의 2를 드려보자. 그 다 음 달에는 100분의 3, 그 다음 달에는 100분의 4, 이런 식으로 100분 의 10, 즉 십분의 일을 드릴 때까지 계속 해보자. 나 자신을 그렇게 훈 련하고 시험해보는 것이다. 이 헌신이 한편으로는 나의 믿음을 측정 하는 바로미터가 될 수 있을 것이고, 다른 한 편으로는 내 믿음이 성장 하며 물질의 유혹과 욕심 앞에 점점 더 강해지는 것을 경험할 수 있을

27　C. S. 루이스, 홍종락 역, 《영광의 무게》(홍성사, 2008), 12ff.

것이다. 다른 많은 것으로도 헌신하지만, 십일조를 통해 나의 신앙을 고백하는 것은 성숙한 신앙의 증거이다.

●—●

깨끗하게 줘버린 재물(feat. 아름답게 취한 이익)

하나님의 백성은 이와 같이 깨끗이 드리는 것도 중요하지만, 한 걸음 더 나아가 부당하고 찜찜한 이익을 취하지 않고 정직하게 이익을 취하는 것도 중요하다.

소돔 왕이 아브라함을 맞이하러 나갈 때는 속셈이 있었다. 자기가 빼앗긴 것을 되찾기 위함이었다. 사실 그는 함부로 전쟁을 일으킨 전쟁의 촉발자였으면서, 전세가 불리하자 백성들을 버리고 비겁하게 도망간 도망자였다(창 14:10). 그런데 이 말씀을 보면, 전쟁을 일으키고 자신의 무능 때문에 패했음에도 불구하고, 그래도 자기가 왕이라고 아브라함 앞에서 허세를 부렸다. 포로들을 자신에게 주고 전리품은 가지라고 관대한 척 말한 것이다. 그러자 아브라함은 망설임 없이 아브라함을 돕기 위해 전쟁에 동참한 사람들의 몫을 제외하고 전부 주었다(창 14:24). 물론 전리품을 가질 권리는 당연히 승리자인 아브라함에게 있었다. 소돔 왕의 제안은 사실 생떼였다. 그러나 아브라함은 그냥 다 줘버렸다. 22-24절의 말씀으로 미루어볼 때 아브라함이 그렇게 행동한 이유는 다음과 같았다.

첫째, 아브라함이 소돔 왕의 물건을 챙기면 마치 소돔 왕이 돈을 주고 아브라함을 용병으로 고용한 것처럼 보일 수 있었다. 그러면 아브라함은 졸지에 소돔 왕의 하수인이 되는 것이고, 돈을 받고 싸운 셈이 된다. 나중에 소돔 왕이 "아브라함? 내가 돈 주고 고용한 애야!"라고 말할 법한 상황이었다. 아브라함은 그렇게 되는 것을 우려하였다.

둘째, 아브라함이 싸운 것은 조카 롯을 구하기 위한 일이었는데(일종의 명예전쟁이었다), 마치 전리품이나 얻기 위해 싸운 것처럼 비춰질 수 있었다. 고대의 명예전쟁에서는 명예 회복이 중요했지 전리품은 중요하지 않았다. 명예전쟁에서 물질을 취하는 것은 오히려 수치스러운 일이었다.

셋째, 아브라함이 만약 그 돈을 받아 나중에 성공한다면, 사람들이 '소돔 왕에게서 취한 돈으로 성공했네'라고 말할 것을 우려했다. 하나님이 아닌 소돔 왕의 돈으로 성공했다고 오해할 상황이라는 것이다. 아브라함은 그런 말을 듣고 싶지 않았다. 아브라함은 이 싸움뿐만 아니라 앞으로의 성공이 모두 돈이 아니라 하나님께 달려 있음을 분명히 한 것이다.

이런 이유로 아브라함은 전리품을 취할 권리가 있음에도 불구하고, 치하하는 일 외의 전리품 전부를 소돔 왕에게 그냥 돌려주었다. 잠언은 다음과 같이 교훈하고 있다.

겸손한 자와 함께하여 마음을 낮추는 것이 교만한 자와 함께하여 탈취물을 나누는 것보다 나으니라 _잠 16:19

하나님나라 백성에게는 헌금을 잘 드리는 것도 중요하지만, 동시에 정당한 이익은 취하되 더럽고 부당한 이익, 나중에 문제가 될 이익은 취하지 않는 것도 중요하다. 적지 않은 그리스도인이 이 교훈을 등한시한다. 동기가 어찌 되었든, 과정이 어떻든 간에 많이 벌어 많이 헌금하면 하나님이 기뻐하신다고 착각한다. 그러나 물질을 바치는 것뿐만 아니라 물질을 취할 때도 정직과 순결이 필요하다.

물론 어떤 절대적인 기준을 가지고 판단하라는 말은 아니다. 상황마다 조금씩 다를 수 있다는 점도 인정해야 한다. 그러나 어쨌든, 그리스도인은 각자의 수준에서 정직하게 취할 것을 취하되, 애매한 이익, 수상한 이익을 취하지 말아야 한다. 역시 이 문제에서도 하나님은 만만히 여길 분이 아님을 기억하는 것이 필요하다.

그런데 이 말씀에서 부당이득이나 불로소득을 말하려는 것이 아니다. 그리스도인이라면 당연히 그러한 것들을 취하지 않아야 하지만, 그런 수준에서 하는 말이 아니다. 아브라함이 청렴했으니 그리스도인이라면 윤리 도덕적으로 더 깨끗하게 살아야 한다는 것도 아니다. 그것도 중요하지만, 여기서 말하려는 바는 이것이다. 설사 그것이 아주 작다 할지라도, 우리는 그런 부정한 돈으로 성공하고 그런 돈 때문에 행복을 누리고 살아가는 존재가 아니라는 것이다. 우리는 하나님으로 행복한 사람이다! 정직하고 깨끗하게 살아도 하나님이 복을 주시고 형통하게 하신다는 믿음이 있어야 한다. 하나님이 복의 근원이시다! 이것이 믿음의 선조 아브라함이 소돔 왕에게 돈을 돌려준 이유였다.

어떤 것이 깨끗하고, 어떤 것은 받으면 안 된다고 말하려는 것이 아니다. 우리는 세상에서 얻는 물질이나 소득이 아니라 하나님으로, 하나님이 주시는 복으로 사는 것이라는 믿음이 필요하다. 그렇게 사는 것이 중요하다고 말하고 싶은 것이다.

앞에서 살핀 십일조도 맥락이 같다. 십일조의 정확한 금액(양)을 맞추는 것보다 더 중요한 것이 있다. 그 돈을 드리지 않아서 더 행복하다면, 십일조를 안 하고도 더 높은 질의 삶을 살 수 있다고 생각한다면 그렇게 해도 무방하다. 그러나 우리의 믿음은 그것이 아니지 않은가? 십일조를 드리고도, 우리가 그것으로 사는 것이 아니라 하나님으로, 하나님이 주시는 하늘의 복으로 사는 것이라고 고백하는 사람들이 아닌가? 그것이 바로 '오직 의인은 믿음으로 산다'라는 고백이 아니겠는가?

세상 사람들은 자신의 능력과 물질로 삶이 풍요로워지고 행복해질 수 있다고 믿지만, 우리는 그것이 있건 없건 여호와로 말미암아 행복한 사람이다. 우리 신앙 선조들은 다음과 같이 노래했다.[28]

높은 산이 거친 들이
초막이나 궁궐이나
내 주 예수 모신 곳이
그 어디나 하늘나라

하나님의 백성이라고 꼭 거친 들에 거할 필요는 없다. 하나님의 백

28 찬송가 438장

성이라고 초막에만 살라는 법은 없다. 그러나 그곳이 거친 들이든 높은 산이든, 초막이든 궁궐이든, 주님이 내 기쁨이고 주님이 내 소망이고 주님이 내 행복이기 때문에, 그분과 동행할 때 바로 거기가 하늘나라인 것이다.

아브라함이 소돔 왕에게 전리품을 '줘버린' 것은 이런 의미에서였다. 그는 전리품으로 기뻐하는 (혹은 그것으로 의기소침해하는) 사람이 아니었다. 그것으로 자신의 가문이 흥하리라고 생각하지 않았다. 그것 때문에 전쟁한 것도 아니었다. 아브라함은 오직 "천지의 주재이시요 지극히 높으신 하나님 여호와"가 그의 기쁨과 복과 승리의 근원임을 믿었던 것이다. 그래서 그는 기꺼이 전리품을 돌려주었다.

참다운 헌신
 - 깨끗하게 주께 드림
 - 깨끗하게, 세상 것을 취하지 않음

이 일이 있은 직후 하나님은 이런 아브라함을 기뻐하시고 다음과 같이 약속하셨다.

이후에 여호와의 말씀이 환상 중에 아브람에게 임하여 이르시되 아브람아 두려워하지 말라 나는 네 방패요 너의 지극히 큰 상급이니라
_창 15:1

아마 아브라함도 그렇게 행동하고 나서 좀 두려워했던 것 같다. '괜히 고상한 척하다 나중에 잘못되는 거 아냐?'라고 생각했을 법했다. 그런 아브라함에게 하나님은 두려워하지 말라고 격려하신 것이다. 그리고 하나님이 친히 상급이 되어주겠다고 약속하셨다. 이것이 아브라함이 하나님만 바라본 것에 합당한 보상이었다. 그리고 다른 어떤 상급보다도 더 위대한 상급이었다.

오늘날 우리는 무엇으로 살고 있을까? 무엇으로 기뻐하고 무엇으로 복을 누리고 살고 있을까? 내가 사는 것이, 내가 기뻐하는 것이, 물질이 아니라 "오직 나는 여호와로 말미암아 즐거워하며 나의 구원의 하나님으로 말미암아 기뻐하리로다"(합 3:18)라고 고백하는 성숙한 믿음의 사람들이 되어야 하지 않을까? 우리가 세상의 복에 연연하지 않고 하늘의 복을 추구할 때 하나님이 어떻게 우리의 삶을 풍성하게 하실지, 그것을 경험하길 소원해야 하지 않을까? 우리가 자녀에게 물려줄 가장 중요한 신앙의 유산 중 하나는 바로 이것이다.

신앙 유전자 적용 포인트

1. 오늘날 십일조가 갖는 세 가지 의미를 이야기해봅시다. 당신은 어떤 마음으로 십일조를 드립니까? 하나님이 주신 것을 혹시 거두지는 않으실까 두려워하는 마음으로 드립니까? 의무라서 드립니까? 부의 성취를 위한 도구입니까? 아니면 마땅히 드릴 바를 기꺼이 드리는 신앙의 표현입니까?

2. 나의 십일조를 다음 측면에서 살펴봅시다.
   – 감사의 제물인가?(Worship)
   – 충성의 표현인가?(Lordship)
   – 백성 됨의 표시인가?(Membership)

3. 어릴 때부터 경제 교육을 해야 한다면서 주식 투자, 부동산 투자 등을 가르치는 책이 많습니다. 그러나 투자인지 투기인지 불분명한 것이 많습니다. 투기처럼 보여도 오히려 요즘엔 안 하면 어리석은 사람 취급하기도 합니다. 당신은 불로소득이 아닌 정직한 소득을 바르게 구분하여 가르치고 있습니까?

4. 당신의 행복 가운데 물질은 몇 퍼센트를 차지합니까? 솔직해져봅시다. 물질로 행복한 것이 하나님으로 행복한 것보다 크지는 않습니까? 하나님과 나의 명예를 위해 큰 물질을 기꺼이 '줘버릴' 수 있습니까?

5

기다리는 훈련을 할 때의 믿음

창세기 16:1-10

순간의 조급함이
4천 년을 좌우했다.

10년의 세월은 결코 짧지 않다. 아브라함의 생애를 보면 75세에 하나님의 부르심을 받고 가나안 땅으로 왔다. 3절은 아브라함이 가나안에 거주한 지 10년이 되었다고 기록하고 있다.[29] 아무리 아브라함이 믿음이 좋아도, 아무리 하나님과의 언약이라도, 10년 동안 아무 일도 일어나지 않는다면 한 번쯤 그 언약을 의심해 볼 법하다. 그래서 사라는 하나님이 자신을 통해 자손을 주시지 않고 다른 방법을 통해 주실 것이라고 잘못 확신했다(창 16:2). 애굽인 종인 하갈을 통해서 자녀를 얻

29 즉, 아브라함이 85세쯤 된 것이다. 비교, 창 12:4, 16:16.

신앙 유전자

고자 한 것이었다. 이것은 지금 보면 이상한 일이지만, 당시 중동의 문화에서는 이상한 일이 아니었다. 주전 19세기 앗수르의 계약 문서나 함무라비 법전 등을 보면, 신부가 결혼한 2년 내에 아이를 낳지 못하면 노예를 사서 아이를 낳아야 한다는 의무 조약이 있다.[30] 사라와 아브라함이 그런 선택을 한 것은 당시 풍습으로 보면 상식적이었다.

2018년 구글의 조사에 의하면, 모바일 사용자의 53퍼센트가 어떤 사이트를 클릭했다가 3초 이내에 열리지 않으면 주저 없이 그 사이트를 떠났다고 한다.[31] 2020년 구글 웹마스터 마일 오혜(Maile Ohye)는 한 유튜브 인터뷰에서, 2초가 사람들의 로딩을 기다리는 인내의 한계점이며, 구글에서는 로딩 시간 0.5초 이내를 권고한다고 말했다.[32] 2019년 12월, 또 다른 인터뷰에서 역시 구글 웹마스터인 존 밀러(John Mueller)는 사이트가 열리는 속도가 구글 랭킹에서 중요한 요소라고 지적했다.[33] 그 넓은 미국에서도 '아마존'이나 '월마트'는 주요 지역에서 익일 배송(next day delivery)을 하고 있고, 심지어 일부 지역에서는 당일 배송(same day delivery) 서비스도 한다. 우리는 지금 이런 세상에 살고 있다. '고속'도 모자라 '초고속'의 시대를 살고 있다. 그러므로 우리는 이 본문을 읽으면서 사라와 아브라함을 충분히(!) 이해할 수 있다. 그러나 이것은 딱 상식선에서 할 수 있는 생각이다. 믿음

---

30 고대 결혼과 불임에 대한 유사한 관습은 빅터 해밀턴, 임요한 역, 《창세기》, NICOT(부흥과 개혁사, 2016) 499-500에서 자세히 언급하고 있다.

31 https://www.thinkwithgoogle.com/marketing-resources/data-measurement/mobile-page-speed-new-industry-benchmarks/

32 https://youtu.be/7HKYsJJrySY

33 https://youtu.be/QG2BoWRhb0k

이 비상식적인 것은 아니지만, 상식을 넘어서는 것이 또한 믿음이다.

기근이 왔을 때 애굽으로 피난하는 것은 그야말로 상식선에서 내릴 수 있는 판단이었다. 소돔과 고모라를 택하는 것은 상식선에서 당연한 결정이었다. 입양하거나 종을 통해 기업을 이을 아이를 얻는 것은 상식선에서 얼마든지 내릴 수 있는 결정이었다. 믿음이 몰상식하고 무식한 것도 아니지만, 그러나 상식선에서만 머무는 것이 믿음은 아니다. 아직 아브라함과 사라에게 상식을 넘어선 믿음은 없었다.

그들의 선택에 따라 여종 하갈은 아이를 갖게 되는데, 그 이후 이야기는 아주 전형적이다. 아이를 가진 하갈이 본부인인 사라를 업신여기기 시작했고, 모욕을 당한 사라는 하갈을 학대하고 핍박하였으며, 이에 하갈은 도망하였다. 그러나 이야기는 여기서 끝나지 않았다. 하갈이 광야에서 거의 죽게 되었을 때 하나님의 천사가 나타났다. 그녀에게 사라에게 돌아가 복종하라고 명하며 전한 약속이 놀라웠다. '아들을 낳을 것인데, 그 아들을 통해 자손들이 셀 수 없이 많이 나올 것'이라는 약속의 내용이었다(창 16:10,11). 이에 하갈이 돌아가 아이를 낳았고, 그 아이가 바로 이스마엘이다. 이스마엘의 후손들이 다름 아닌 지금 아랍의 무슬림이다. 이삭 후손의 종교가 유대교라면, 이스마엘 후손의 종교는 이슬람교이다.[34]

당신은 여기에서 영적인 나비효과를 볼 수 있는가? 아브라함 가정의 잘못된 선택은 한 여인의 인격을 파괴했고, 가정의 불화를 가져왔

---

34 무슬림이 이스마엘의 혈통적 후손이라는 데에는 이견이 많다. 하지만 영적, 종교적 후손이라고는 말할 수 있다. 주 48 참고

고, 역사적으로 민족 간, 종교 간의 거대한 대립을 가져온, 그야말로 중차대한 실수였다. 아브라함의 선택은 당시 문화적 배경으로 미루어 볼 때 큰 잘못은 아니었지만, 신앙적으로 볼 때는 매우 잘못된 선택이었다. 믿음 없이 한 행동이 개인과 가정과 민족 사이의 관계를 파괴하는 엄청난 결과를 가져온 것이다.

그러면 아브라함과 사라의 실수의 본질은 무엇이었고, 오늘날 우리는 어떠한 기준을 가지고 선택할 것인가, 어떤 선택이 믿음의 선택인가에 대해 살펴보는 것은 유익한 작업이 될 것이다.

●─●

나의 때와 하나님의 때

첫째, 선택에서 자신의 판단보다 하나님의 판단이 중요하다는 사실을 알 수 있다. 내 필요보다 하나님이 정하신 때와 방법이 중요하다는 것이다.

2절에서 사라가 "여호와께서 내 출산을 허락하지 아니하셨으니…"라고 했다. 여기서 사라의 잘못은 하나님의 뜻을 '왜곡해서 확신한 것'이다. 하나님은 그렇게 말씀하신 적이 없는데, 사라가 그렇게 확신했다. 그래놓고 자기 방법으로 하나님의 약속을 빨리 이루려 했다.

어느 날 필립 브룩스라는 유명한 목사님이 안절부절하는 모습을 보고 옆에 있던 사람이 무얼 고민하냐고 물었다. 그러자 그는 이렇게 대답했다고 한다.

"나의 큰 고민은, 나는 이렇게 급한데 하나님은 도무지 급하지 않으시다는 것이오.”

아마 이것이 사라의 마음이 아니었을까? 오늘날 우리도 때로는 자신의 열심으로 하나님의 시간을 앞당기려고 한다. 내가 열심히 해서 하나님의 일을 빨리 이루고 싶어하는 것이다. 그것이 최선이고, 그렇게 하는 것이 하나님의 뜻이라고 착각할 수 있다. 그런데 그것은 뭐가 잘못되었을까? 하나님 일을 열심히 빨리 이루려는 것이 뭐 그리 큰 잘못인가? 그냥 앉아서 하나님의 뜻이 이루어지길 마냥 기다려야 하는 것일까? 그러나 우리가 신앙생활을 하면서 가지는 ‘잘못된 확신’과 ‘잘못된 열심’ 사이에는 연결 고리가 아주 많다. 잠언에 이런 말씀이 있다.

부지런한 자의 경영은 풍부함에 이를 것이나 조급한 자는 궁핍함에 이를 따름이니라 _잠 21:5

이 말씀은 부지런함과 조급함을 구분하고 있다. 부지런함은 주어진 일에 묵묵히 최선을 다하며 하나님의 때를 기다리는 것이다. 그러나 조급함은 잘못된 열심, 곧 자기가 일을 이뤄보겠다는 것이다. 흥미롭게도, ‘조급함’(우츠)이라는 뜻의 히브리어 단어는 ‘재촉하다’라는 말에서 나왔다. 누구에게 무엇을 재촉하는 것일까? 일이 빨리 이루어질 상황을 그리면서 스스로를 재촉하는 것일 수도 있지만, 궁극적으로 ‘하나님을 재촉하는 것’이다. 하나님께 강요하는 것이 조급이다.

재촉이나 강요는 주로 갑이 을에게 하는 행동이다. 재촉을 당하면,

그것이 당연할지라도 기분은 좋지 않다. 조급함이란 내가 갑이 되어 하나님을 을로 취급하고 재촉하는 것이다. 그러고 보니, 조급함이란 내가 하나님의 일을 빨리 이루려는 순수한 열심이라기보다, 하나님을 재촉하여 내 기대를 이루려는 측면이 강하다. 그 이면에는 하나님보다 내가 판단을 더 잘한다는 교만이 깔려 있기도 하다.

우리는 하나님한테만이 아니라 자녀에게도 조급함을 종종 보인다. 솔직히 말하자면, 종종이 아니라 꽤 자주 보인다. 하나님의 때를 기다리지 않고 재촉하는 교만함이, 자녀에게는 최소 하나님을 대하는 것보다는 강하게 발동할 가능성이 높다. 내 자녀에게는 그만의 시간과 때가 있다. 하나님이 그에게 부여하신 권리이다. 그런데 우리는 자녀를 소유물로 여길 뿐 아니라 자녀의 시간까지 좌지우지할 권능이라도 부여받은 듯이, 자녀를 기다려주기보다는 재촉한다.

잠언 말씀을 사라의 경우에 대입해보면, 사라는 부지런한 것이 아니라 조급했다. 최선을 다하며 하나님께 결과를 맡긴 것이 아니라 자신의 열심을 가지고 하나님의 뜻을 재촉했다. 자신의 판단이 하나님의 방법보다 더 나을 것이라고 교만하게 생각했다. 이것이 사라의 잘못이었고 오늘날 우리가 범할 수 있는 잘못이다. 이 말씀을 통해, 하나님의 일을 부지런히 이루려고 하는 나의 순수한 열심보다, 하나님을 재촉하여 내 기대를 이루려는 교만한 모습을 돌아보게 된다. 성경은 하나님의 뜻이 조급하게, 빨리 이루어지는 것이 좋은 것이 아니라, 때가 되어, 즉 하나님이 정하시고 의도하신 때가 되어 이루어지는 것이 좋다고 말하는 것이다.

오늘날 세상은 빠르다못해 눈이 팽팽 돌 만큼 재빠르게 변하고 있기는 하다. 그래서 세상의 시선으로는 아이가 이 세상에서 '잘' 살아가도록 계획하고 교육하고 재촉하는 것이 현명해 보일 수도 있다. 그러나 우리는 하나님의 사람이다. 이 땅에서 살지만 동시에 이 땅에서만 사는 사람은 아니며, 아니어야 한다.

우리는 자녀가 하나님과 관계를 맺고 하나님의 시간을 살아가도록 중재하고 그 모델이 되어야 한다. 그런데 그렇게 하기보다 우리가 자녀의 시간을 제멋대로 디자인해버리는 경우가 많다. 혼자서 자녀 역할, 하나님 역할까지 독점하여 조급한 가운데 시간을 재단하고는 그것이 하나님 뜻이라도 되는 양 포장해버리는 것이다.

우리는 자녀를 향한 하나님의 계획을 인정하고 때를 기다려야 한다. 빨리 올 수도 있고 늦게 올 수도 있는데, 그건 온전히 하나님의 주권이다. 그러므로 하나님을 재촉하지 말아야 하며, 자녀도 재촉하지 말아야 한다. 자녀가 조급한 마음을 가지고 있다면 부모는 오히려 자녀에게 하나님의 때를 기다리는 지혜를 전수해주어야 한다.

레몬차에 관한 이야기가 있다. 레몬을 그냥 썰어서 물에 넣는다고 레몬차가 되지 않는다. 그것은 그저 레몬수이다. 레몬수에서 레몬 향을 느낄 수는 있겠지만 진정한 레몬차는 아니다. 어떤 사람은 레몬 맛을 더 강하게 하려고 레몬을 스푼으로 눌러 짜기도 한다. 하지만 진정한 레몬의 맛과 향을 느낄 수 있는 레몬차를 마시려면 적어도 12시간 이상 레몬을 물에 넣어두고 우려야 한다. 그래야 레몬이 물속에서 그 향을 다 방출하여, 그제야 진정한 레몬차의 향기를 느낄 수 있는 법이다.[35] 이 이야기가 사실인지 아닌지, 과학적인지 아닌지는 잘 모르겠지만, 인스턴트(instant) 시대를 살고 있는 우리에게 기다림(constant)에 대해 교훈하는 것이라고 생각된다. 아브라함이 이스마엘을 낳은 것은 어쩌면 '레모네이드 만들기' 정도는 되었을지도 모른다. 그러나 하나님은 레모네이드가 아니라 레몬차를 의도하셨다. 오늘날 우리도 우리 판단으로 하나님을 재촉하기보다 하나님의 뜻이 이루어지도록 묵묵히 살아가며 하나님의 때를 기다려야 하겠다. 하나님께서 그리스도의 향기가 충분히 우러나오도록 의도하신 그때를 기다리며, 조급하지 말고 성실한 우리가 되어야 하겠다.

●—●

사람의 말과 하나님의 음성

둘째, 믿음의 선택을 위해 사람의 말보다 하나님의 음성에 귀를 기울여야 한다.

2절은 "아브람이 사래의 말을 들으니라"라고 했다. 아브람(아브라함)은 하나님의 음성에 귀를 기울여야 함에도 불구하고 사래(사라)의 말을 들었다. 이것이 아브라함의 실수였다. 오늘 우리도 사람의 말보다 하나님의 음성에 귀를 기울여야 한다. 대개 부인 말을 잘 들으면 인생이 평안한데, 이 사건은 부인 말을 잘 들어서 어려워진 경우이다. 물론 그저 부인의 말을 들어서 문제가 생겼다는 말은 아니다. 하나님의 음성보다 사람의 말을 들은 것이 문제가 된 것이다.

35 루화난, 허유영 역, 《레몬차의 지혜》(달과소, 2011), 15-18.

우리가 하나님의 음성을 듣는 경로는 여러 가지이다. 좀 특별하지만 기도 중에 하나님의 음성을 들을 수 있다. 간절히 기도할 때 하나님이 마음에 확신을 주시고 또 그 뜻을 나타내 보이기도 하신다. 혹은 영적 지도자나 공동체의 다른 사람을 통해 하나님의 음성을 들을 수 있다. 특별히 가정에서 남편을 통해, 아내를 통해 서로 하나님의 음성을 들을 수 있다.

오늘날 가장 확실하게 하나님의 음성을 들을 수 있는 통로는 이미 계시된 하나님의 뜻인 성경을 묵상하는 것이다. '오늘 하나님의 음성은 무엇인가?' 하고 성경책을 미신적으로 펼치지 않는 한, 우리가 매일 말씀을 묵상하는 가운데, 그 말씀을 통해 하나님께서 우리 상황에 맞는 길을 보여주시고 가이드를 주신다. 미신적으로 말씀을 보는 것에 대해 다음과 같은 고전적인 유머가 있다.

어떤 사람이 '오늘 나에게 주시는 하나님의 말씀이 무엇인가' 하고 성경을 무작위로 펼쳤다. 거기에는 다음과 같은 말씀이 있었다. "유다가 … 물러가서 스스로 목매어 죽은지라"(마 27:5). 순간 당황한 그는 잽싸게 다른 곳을 또 무작위로 펼쳐 읽었다. 이번엔 누가복음 10장 37절이었다. "예수께서 이르시되 가서 너도 이와 같이 하라." 삼세번이라고 생각한 그는 마지막으로, 이번에는 구약을 무작위로 펼쳤다. 그가 본 구절은 에스겔서 39장 8절이었다. "내가 말한 그날이 이날이니라."

말씀을 통해 하나님의 음성을 듣는다는 것은, 마치 오늘의 운세를 보듯 성경을 요행수로 보라는 말이 아니다. 말씀을 늘 가까이하는 가운데, 그 말씀이 마음에 들든 안 들든, 순종하려는 몸부림 가운데 듣는 것이 우리를 향하신 하나님의 음성이다. 그러나 아브라함은 오직 사라의 말만 들은 것이다. 거기에 하나님의 음성은 없었다.

물론 많은 경로 중에 진짜 하나님의 음성이 무엇인지 분별하기란 쉽지 않다. 열왕기상 19장에는 영적 침체에 빠진 엘리야 이야기가 나온다. 능력의 선지자 엘리야도 40일간 하나님의 음성을 기다렸지만 듣지 못했다. 우리 인생에도 하나님이 말씀하시지 않거나 하나님의 음성을 듣지 못할 때가 있다. 40일이 지났을 무렵 하나님은 엘리야를 호렙 산으로 이끄셨다. 하나님이 임재하실 때 크고 강한 바람이 산을 가르고 바위를 부쉈지만 바람 가운데서 하나님의 음성을 들을 수 없었다. 그 후에 지진이 일어났는데 그때에도 하나님의 음성을 들을 수 없었다. 그다음엔 불이 났지만 하나님의 음성을 들을 수 없었다. 바람과 지진과 불이 지나간 후, 비로소 엘리야는 세미하게 들리는 하나님의 음성을 들을 수 있었다. 크다고, 세다고, 강렬하다고 해서 하나님의 음성은 아니었다. 그 많은 큰 소리 가운데서 하나님의 음성은 오히려 세미했다.

오늘날 우리도 큰 소리와 상식적인 많은 소리 가운데 세미한 하나님의 음성을 잘 들어야 한다. 그러나 우리는 하나님의 음성을 듣지 못할 때가 많다. 이유가 무엇일까?

1907년대 미국 프린스턴 대학에서 재미있는 실험을 하나 했다.[36]

---

36   말콤 글래드웰, 임옥희 역, 《티핑 포인트》(21세기북스, 2016), 131ff. 본래 리처드 니스벳, 리 로스의 심리학 실험이었다. 리처드 니스벳, 리 로스, 김호 역, 《사람일까 상황일까》(심심, 2019), 129ff.

신학생들에게 설교 준비를 시키되 한 그룹은 자유 주제로, 다른 한 그룹은 착한 사마리아 사람이라는 주제로 준비하게 한 다음, 그들을 몇 그룹으로 나누어 15분마다 준비한 설교문을 들고 녹음을 하기 위해 다른 건물로 이동시켰다. 실험자는 이동하는 길에 사마리아인 비유에 나오는 것처럼 도움이 필요한 사람 한 명을 두었다. 실험자 중에서 누가, 어떤 그룹이 그를 도와주는지, 어떤 변수가 작용했는지 보려는 실험이었다.

이 실험에서 대개는 착한 사마리아 사람에 대한 설교를 준비한 사람들이 더 많이 도울 것이라고 예측할 것이다. 하지만 결과는 달랐다. 착한 사마리아인 이야기로 설교를 준비한 학생이라고 해서 가던 길을 멈추고 적극적으로 그 사람을 돕지는 않았다. 놀랍게도, 중요한 변수는 학생들이 시간에 쫓겨 서둘렀느냐 아니었느냐였다. 실험자가 "늦었으니 빨리 가라"라고 재촉한 그룹에서는 단 10퍼센트만이 멈춰서 도와주었다. 그러나 "약간 시간 여유가 있다"라고 들은 그룹에서는 63퍼센트가 도움이 필요한 사람을 도와주었다고 한다. 사전 교육은 전혀 변수가 되지 못했고, 시간이 있냐 없냐에 따라서 신학생들이 윤리적인 행동을 하는지 여부가 결정된 것이다.

마음이 급하고 상황이 급하면 하나님의 음성보다 스스로의 음성 혹은 듣기 좋은 말에만 귀를 기울이기 쉽다. 조급함은 하나님의 음성을 듣지 못하게 한다. 사라와 아브라함은 조급했다. 그래서 하나님의 음성에 귀를 기울이기보다 하나님을 재촉했다.

오늘날 우리도 요란한 소리와 논리적인 소리 속에서 하나님의 음성을 듣는 훈련이 필요하다. 요즘 아이들이 쓰는 말 중 TMI라는 말이 있다. Too Much Information의 약자다. 주어진 정보가 지나치게 많다는 말이다. 옛날에는 이런 것을 박식(博識)이라고 했지만, 요즘엔 도를 지나친다. 아주 소소한 정보들까지 알게 되면서 판단하기가 더 어려워졌다. 우리는 TMI 중에서도 세미한 하나님의 음성을 듣는 법을 배워야 한다.

자녀들 역시 듣는 법을 배워야 한다. 이 세상은 지금까지보다 훨씬 변화가 많고 역동적일 뿐 아니라, 예측이 불가능한 시대에 돌입했다. 이것은 곧 불안과 조급함과 이어진다. 그러므로 우리는 자녀가 조급해하지 않고 세상에서 넘쳐나는 소리 가운데 세미한 하나님의 음성을 찾을 수 있도록, 성경을 읽고 그 가운데에서 하나님이 말씀하시는 바를 깨달을 수 있도록, 신앙의 유산을 물려주어야 한다.

●—●
사용과 사랑 사이

셋째, 올바른 믿음의 선택을 위해서 아브라함은 가정을, 그리고 사람을 사용하기보다 그들을 사랑해야 했다.[37] 선택에서 중요한 것은 사람을 사용하기보다 사랑하는 것이다.

선택에서 목적과 수단을 혼동해서는 안 된다. 그러나 아브라함은 사람을, 그리고 가정을 수단화했다. 사람과 가정은 사랑해야 하는 대상인데, 축복을 받거나 축복대로 이루기 위한 수단으로 사용했다. 이

---

37 '사용-사랑'이라는 워드플레이는 원천교회 김요셉 목사의 설교에서 빌려왔다.

것은 앞에서 언급한 첫째와 둘째 문제보다 더 치명적인 실수였다.

사람은 사용하기보다 사랑해야 하고, 가정을 내 필요와 만족을 채우기 위해 사용하기보다 사랑해야 한다. 이것은 선택의 원리이다. 아브라함에게 일부다처를 문제 삼는 것이 아니다. 아브라함이 하갈이라는 한 여인을 그저 아들 낳아주는 수단으로 삼은 점을 말하는 것이다. 나아가 아브라함이 가정을 하나님의 축복을 이루는 수단으로만 여겼다는 지적이다. 하지만 가정은 축복을 받기 위한 수단이 아니다. 가정이 곧 축복이다. 그저 축복의 증거로 아이가 필요한 것인데, 아브라함은 하갈과 가정을 그저 사용했을 뿐이었다. 이것이 이 사건의 불행한 결과의 핵심이다.

여기에서 인권 문제까지 언급하는 것은 적절하지 않다. 현재의 기준으로 아브라함 시절의 가정관이나 사회상을 판단하는 건 적절하지 않다는 뜻이다. 그러나 아브라함에게는 가정이 가정 자체로 의미를 갖는 것이 아니라, 그저 하나님의 축복을 이루는 수단이 되었던 것은 분명했다. 이같이 가정이 본래의 목적을 잃어버리고 수단이 될 때, 가정에 비극이 일어나게 마련이다.

오늘날도 똑같다. 목적과 수단이 바뀔 때, 거기에 불행한 일이 일어난다. 자녀가 부모의 만족을 채우는 수단이 될 때, 그 만족이 채워지지 않으면 불만이 생긴다. 남편이, 아내가 배우자의 만족을 채워주는 도구적 존재로 사용될 때, 그것이 채워지지 않으면 불만족스럽다. 우리는 서로를 사용하기보다 먼저 사랑해야 한다.

간혹 자신의 만족을 위해 가족을 조정하려는 것을 사랑으로 착각하

신앙 유전자

는 사람들을 만난다. 자기가 못 이룬 꿈을 자녀에게 대물림하여 강요한다든지, 성적이나 성과를 내도록 압력을 가하며 '더 너를 위해서다'라고 말하지만, 깊숙이 들여다보면 결국은 나를, 나의 만족을, 나의 체면을 위해서인 경우가 많다.

한 걸음 더 나아가 보자. 교회도 마찬가지이다. 교회는 그 자체로서 가치를 갖는데, 교회를 자신의 힐링(치유) 수단으로, 성장 수단으로, 자랑의 수단으로만 생각하기 시작하면 시험에 들기 쉽다. 물론 교회에는 치유와 성장이 있어야 한다. 그러나 교회는 그러한 것들을 얻기 위한 수단이 아니다. 우리는 교회를 사용하지 말고 사랑해야 한다.

그러면 사용과 사랑, 이 둘 사이의 차이는 무엇일까? 내가 사용하려 한다면 기대하고 바랄 뿐이지만, 사랑한다면 기꺼이 헌신하고 희생할 수 있다. 사용하다가 기대가 이루어지지 않으면 필요가 없어져 심지어 버리기도 하지만, 사랑한다면 마땅히 인내하고 격려하고 기다려준다. 이것이 수단과 목적의 차이이다. 수단은 목적이 이루어지면 더 이상 필요가 없어진다. 다시 강조하지만, 인격은, 가정은, 자녀는, 교회는 수단이 아니다. 그 자체로 가치가 있고 그 자체로 목적이 된다.

하나님은 당연히 우리를 하나님의 뜻을 이루는 수단으로 사용하지 않으신다. 하나님은 일을 이루시기 위해 우리라는 수단을 필요로 하는 분이 아니시다. 하나님은 우리를 그냥 사랑하신다. 그것이 하나님이 우리를 인내하고 기다리시는 이유이다.

반면에 아브라함은 가정을 하나님의 약속을 이루는 수단으로 생각했기에 편법을 생각했고, 그것이 그 가정에 비극을 불러왔다는 사실을 기억하자. 오늘날 우리도 서로를 사용하기보다 사랑하는 존재가 되어야 하겠다. 그것이 하나님의 약속, 곧 축복을 이루는 길이다.

기다림의 훈련
- 자신의 기준보다는 하나님의 기준을 인정하자.
- 사람의 말보다 하나님의 음성에 귀를 기울이자.
- 사용하기보다 사랑하며 살기로 다짐하자.

10년이라는 세월은 결코 짧지 않다. 아브라함과 사라의 행동이 이해가 가는 면도 있다. 그런데 이렇게 한번 생각해보자. 주님이 다시 오신다는 약속은 2천 년이 지나도록, 오늘날까지 아직 이루어지지 않았다. 그렇다고 믿음으로 사는 것을 포기할 수는 없다. 그렇다면 기다림이 우리의 신앙을 넘보지 못하게 해야 하지 않을까? 언제 오실지는 모르지만, 우리는 여전히 매일매일 하나님의 기준을 인정하고 하나님의 음성에 귀를 기울이며, 사랑하며 사는 사람이 되어야겠다.

신앙 유전자 적용 포인트

1. 당신은 하나님의 시간, 하나님의 때를 잘 알고 있습니까? 나의 때를 하나님의 때보다 우선하지 않습니까? 혹시 조급함을 열심으로 포장하고 있지는 않습니까?

2. 하나님이 일을 이루어나가시는 방식과 때는 내 기대와 다를 수 있습니다. 그럴 때 당신은 그 간극을 어떻게 메우고 있습니까? 자녀에게는 이 간극을 어떻게 설명하고 이해시킬 수 있습니까?

3. 당신과 당신의 자녀가 하나님의 음성을 듣고 싶지만 그것을 방해하는 강력한 장애물들이 있습니다. 그것은 무엇입니까?
   ① 휴대폰
   ② 나의 고집
   ③ 주식이나 부동산 시세
   ④ 하나님 음성에 대한 잘못된 지식이나 기대
   ⑤ 하나님 음성을 소망하지 않음
   ⑥ 기타 :

4. 세상이 변하는 속도는 과거와는 비교할 수 없을 만큼 빠르고 급합니다. 오늘과 내일이 다릅니다. 그 속에서 자녀들은 불안함을 느끼며 조급해질 수밖에 없을 것입니다. 자녀가 조급함을 덜어내도록, 부모는 어떻게 도울 수 있을까요?

2 PART

살아있을 때
믿음을 물려주는 법

6

세상에서 믿음으로 사는 법을 알자

창세기 18:22-19:38

세상 속 그리스도인의 존재와 사명을 확인하라.

아브라함이 99세가 지난 어느 날, 하나님께서 천사 둘[38]과 함께 아브라함을 방문하셨다. 아브라함은 할 수 있는 최선을 다해 그들을 환대했다.[39] 처음부터 그들이 누구인지를 알았는지는 확실하지 않지만, 덕담이 오가면서 그들이 하나님과 천사라는 사실을 확실히 알게 되었다.

---

38   신적인 존재들에 대해서는 누구인지 논란이 있다. 삼위일체 하나님이라는 설, 세 천사라는 설, 하나님과 두 천사라는 설 등이 있다. 다면 이 책에서는 하나님과 두 천사라는 설명이 19장의 소돔과 고모라에 대한 설명으로 적절한 것으로 본다. 월키, 470; 헤밀턴, 25-28.

39   융숭한 손님 대접은 고대 당시의 풍습이었다. 2020년 4월 15일 BBC 뉴스 한국판에서 보면, 그리스 문화와 중동 문화 등에서 손님(낯선 손님이라도)을 융숭하게, 심지어 도에 지나치도록 대접하는 풍습에 대한 기사가 있다. 융숭한 손님 대접은 고대 사회 당시의 불문율이었고, 그것은 자신도 그런 상황(나그네가 되었을 때)에서 대접을 받을 수 있다는 것을 의미했다.

신앙 유전자

식탁 교제 중에 하나님은 아브라함을 축복하고 약속을 환기시키셨는데, 이야기 끝에 아브라함은 소돔과 고모라가 너무 악하여 곧 하나님의 심판을 앞두고 있다는 사실도 알게 되었다. 그것을 위해 곧 두 천사가 조사하러 떠나고 하나님만 남았다.

아브라함은 이미 롯이 소돔으로 갈 때부터 소돔이 악하다는 것을 알고 있었지만(창 13:13) 그 정도인 줄은 몰랐던 것 같다. 그래서 그는 (감히) 소돔과 고모라에 의인 50명이 있다면 구해주시길 하나님께 간구했다. 하나님이 허락하시자 의인 45명, 40명, 30명, 20명으로 조건을 줄이며, 마지막으로 목숨을 걸고 간구한 10명까지 총 여섯 번을 간구하는데, 이때마다 하나님이 허락하셨다. 그러나 소돔과 고모라는 롯의 가족을 포함해도 의인 10명이 없었던, 그 정도로 소망이 없는 악한 도시였다.

아브라함을 떠난 두 천사가 소돔을 방문했을 때, 고대의 환대 불문율은 간데없고 소돔 사람들은 그들을 악으로 대했다. 마침 성문 앞에 있었던 롯이 그들을 환대하려고 집으로 초청했는데, 소돔 사람들은 집단으로 동성(同性) 간의 성적인 관계를 맺으려고 그들을 공격했다.[40] 롯이 소돔 사람들을 설득하려고 했으나 그들은 막무가내였다. 롯의 의도가 무엇이었는지 정확하지 않지만, 심지어 롯이 그의 딸들을 내어주겠다고까지 말해도 그들은 전혀 듣지 않았다. 결국 천사들은 그들의 눈을 멀게 했고, 롯이 도피한 후에 소돔은 멸망하였다.

---

40 여기에 대해 찬성하지 않는 사람들도 있지만 대부분 보수적인 신학자들(월키, 489; 헤밀턴, 58)은 이것을 동성간의 성적인 공격으로 보고 있다. 비교, 벧후 2:7.

롯은 성경에서 매우 애매한 사람이다. 타락한 소돔의 문화를 알고도 소돔에서 살기를 택한 것으로 보아(창 13:10-13) 그를 의인이라고 하기엔 약간 못 미치는 것 같다. 그러나 소돔과 함께 멸망하지 않은 것으로 보아 악인도 아니었던 것 같다. 성경은 롯을 의인으로 묘사하기는 하지만(벧후 2:7,8), 세상과 하나님 사이에서 적당히 타협하다가 겨우 구원을 받은 사람이라고 정의해도 틀린 말은 아닐 것이다.

오늘을 사는 우리가 스스로 롯보다 의롭다고 생각해서는 결코 안 된다. 롯의 모습에서 우리를 발견하게 되는 탓이다. 아니, 어쩌면 그보다 더 타협하고 세속적인 우리를 발견하게 된다. 타협하는 영역은 신앙만이 아니다. 세상의 여러 영역에서, 자녀의 신앙교육 영역에서도 우리는 적당히 타협하고, 겨우 턱걸이로 마지노선을 넘는다.

한편, 소돔이 하나님의 심판을 받은 이유는 통곡과 그 죄악(창 18:20,21) 때문이었는데, 폭력과 극도의 성적 타락(창 19:1-13)도 포함되어 있다. 베드로후서는 그것을 '무법자들의 음란한 행실'(벧후 2:7)이라고 정리하였다. 하나님이 심판하지 않으면 안 되겠다고 생각하실 정도로 극심했던 무질서와 성적 타락이 심판을 가져온 것이다. 그런데 오늘 우리가 사는 세상이 소돔보다는 낫다고 자신할 수 있을까? 최근의 사건들은 언어폭력, 물리적 폭력, 정치경제적 폭력, 심지어 전쟁의 위협까지 점점 더 심해지고 있음을 말해준다. 그러므로 우리가 사는 세상이 소돔과 고모라보다 의롭다고 자신 있게 말할 수 없다.

이럴 때 하나님의 백성은 세상에서 어떻게 살아야 할까? 소돔과 같은 세상에서 어떻게 '롯과 같지 않게' 살 수 있을까? 이 본문을 통해 먼저 세상과 하나님의 백성과의 관계를 살펴보고, 그런 다음 이런 세상에서 그리스도인들이 어떻게 살아야 할지 알아보자. 그리고 우리 자녀들에게 그것을 어떻게 가르치고 이끌어주어야 할지도 고민해보자.

●–●
하나님의 백성은 세상과 형제가 될 수 없다

먼저 이 말씀에서 하나님의 백성은 세상과 결코 형제가 될 수 없다는 사실을 알 수 있다. 롯은 소돔에 살면서 자신은 소돔 사람들과 소통이 되고 그들의 친구가 된 줄 알았다. 7절에서 소돔 사람들을 '형제들'이라고 칭하였다. 그들의 일원이 되었다고 생각한 것이다. 그래서 적당한 선에서 그들이 원하는 것을 주면서 자신의 것을 지킬 수 있으리라고 생각했다. 물론 롯이 딸을 대신 주겠다고 한 것이 진짜로 주려던 것은 아니었을지도 모른다. 그렇게 하면 소돔 사람들이 '롯이 그렇게까지 이야기하는데' 하고 물러나리라고 기대했을 수 있다.

이렇게 상상하는 데는 이유가 있다. 사실 소돔 사람들은 롯의 가족에게 진 빚이 컸다. 사해의 패권을 놓고 전쟁할 때 소돔은 전쟁에서 패해서 다 포로로 잡혀가고 재산도 다 빼앗겼다. 그들은 평생 노예로 살수밖에 없었다. 그때 롯의 삼촌 아브라함이 와서 그들을 구해주었다. 게다가 아브라함은 정해진 것 말고는 어떠한 이익도 취하지 않고 전부 그들에게 돌려주었다. 아브라함은 소돔 사람들에게 자유와 재산을 되찾아준 사람이었고, 롯은 그의 조카였다. 이렇게 볼 때 롯은 소돔 사람들에게는 생명의 은인인 셈이다. 따라서 롯은 자신이 소돔 사람들에게 존중받는 존재였다고 생각했을 수 있다.

실제로 롯은 소돔에서 '성문 재판관'의 역할을 한 것으로 보인다(창 19:1). 한마디로 롯은 스스로 소돔에서 성공적으로 정착하며 존경받는 외지인이었다고 생각했을 수 있다. 그런 롯이 딸을 내어주겠다고까지 했으니 사람들이 물러날지도 모른다고 생각한 것이다. 그러나 그것은 천만의 말씀이다. 완전한 오판이었다. 그들은 쾌락을 누리고 원하는 것을 얻기 위해서는 입었던 은혜도 쌓였던 인간관계도 개의치 않았다. 창세기 19장 9절은 소돔 사람들이 롯을 어떻게 여겼는지 단적으로 보여준다.

"그들이 이르되 너는 물러나라 또 이르되 이 자가 들어와서 거류하면서 우리의 법관이 되려 하는도다 이제 우리가 그들보다 너를 더 해하리라…."

롯의 기대와 달리 소돔 사람들은 롯을 자기들 중의 하나로 생각하지 않았다. 친구는커녕 그저 굴러들어온 돌로 여겼던 것이다.

하나님의 백성들이 세상에서 살면서 세상 사람들과 어울릴 수 있다. 같이 일할 수도 있고 교제할 수도 있다. 그러나 세상과 형제가 될 수는 없다. 운명공동체가 될 수 없다는 것이다. 이 말을 오해하지 말기를 바란다. 세상 사람들이 다 매정하고 악하고 이기적이라는 말이 아니다. 하나님의 백성들이 더 도덕적이고 깨끗하다는 말도 결코 아니다. 솔직히 믿는 사람들이 더 나쁠 때도 있다. 그러면 무엇이 문제일까?

누가 인생의 주인인가? 누가 역사의 주인인가? 이것은 주님의 주님 되심(Lordship), 즉 주재권의 문제이다. 하나님의 백성들은 인생과 역사의 주인이 하나님이라고 믿는다. 하나님이 무엇을 원하시는지가 우리에게 가장 중요한 가치이다. 그러나 세상은 그렇지 않다. 자신들이 인생과 역사의 주인이라고 생각한다. 결국 언젠가 결정적인 순간에는 주인 자리를 놓고 결판을 내게 마련이다. 이것은 결코 타협의 영역이 아니다. 윤리의 문제나 인간적인 정이 있고 없고의 문제가 아니다. 하나님의 주 되심, 즉 하나님을 주인으로 여기느냐 아니냐 하는, 하나님의 주권 문제인 것이다. 그래서 그리스도인과 세상 사람 사이가 평소에는 괜찮지만 결정적일 때는 충돌이 일어난다. 사도 바울도 이렇게 말했다.

너희는 믿지 않는 자와 멍에를 함께 메지 말라 의와 불법이 어찌 함께 하며 빛과 어둠이 어찌 사귀며 _고후 6:14

어떤 사람은 멍에를 메는 일을 결혼이라고 좁게 해석한다. 어떤 사람은 믿지 않는 사람과 사업을 같이 하지 말라는 말씀으로도 받아들인다. 이러한 적용은 어떤 상황에서는 맞을 수 있고 어떤 상황에서는 맞지 않는다. 좌우간 바울은, 결혼이든 사업이든 간에, 멍에라는 말을 사용하면서 믿지 않는 사람들과 하나님의 백성은 운명을 같이할 수 없음을 말하고 있다. 두 마리 소가 한 멍에를 메고 갈 때, 그 둘은 같은 방향으로 갈 수밖에 없다. 두 소가 각기 다른 방향으로 가면 갈등이 있을 수밖에 없다. 그래서 바울은 세상과 멍에를 같이 메지 말라고 권한 것이다.

다시 강조하는데, 이것은 그리스도인이 더 고상하고 깨끗하다는 말이 아니다. 우리는 모두 다 죄인이다. 믿지 않는 사람이든 그리스도인이든 다 하나님의 은혜 없이 살 수 없는 존재들이다. 그러나 인생의 중요한 순간에 누가 우리 인생의 주인인가를 놓고서 담판할 때가 온다면, 그때 우리는 하나님이 우리 인생의 주인이고 역사의 주인이심을 말로 또 삶으로 담대히 고백할 수 있어야 한다.

그리고 내 삶의 주인이 하나님이심을 고백하는 그리스도인이라면, 그 자녀 또한 자기 삶의 주인이 그리스도인이라고 스스로 고백하도록 양육하고 교육해야 한다. 대개의 교단은 유아세례(침례교의 경우 헌아식, dedication)를 받은 아이가 자라 적당한 나이가 되면 입교하거나 혹은 침례를 받게 한다. 입교든 세례(침례)든 그 전에 교육을 받고 문답을 해야 하는데, 그때 스스로 그리스도인임을 고백하며 확인을 받는다. 그 질문과 답이, 그저 입교 혹은 세례라는 관문을 통과하기 위한 과정에 불과한지, 아니면 정말 주님의 주권을, 주 되심을 고백하는 것인지 잘 살펴볼 필요가 있다.

나 자신이든 자녀이든, 혹은 같은 교회의 성도이든, 주 되심을 진실로 고백하는 한, 그 사람은 세상의 형제가 될 수 없다.

●—●

하나님의 백성은 세상을 위해 목숨을 걸고 중보할 책임이 있다

그리스도인이 세상과 운명공동체가 될 수 없다면, 하나님의 백성은 세상과 단절하고 세상 밖으로 나가야 할까? 그렇지 않다. 동일한 상황에서 바울은 이렇게 말한다.

이 말은 이 세상의 음행하는 자들이나 탐하는 자들이나 속여 빼앗는 자들이나 우상 숭배하는 자들을 도무지 사귀지 말라 하는 것이 아니니 만일 그리하려면 너희가 세상 밖으로 나가야 할 것이라 _고전 5:10

바울 시대의 고린도는 아마도 아브라함 시대의 소돔쯤 되었을 것이다. 성적 타락과 쾌락의 추구가 만연했고, 세속적 가치관이 지배하던 시대였고 그런 장소였다. 그러나 바울의 말은 그들과 절대 사귀지 말라는 뜻이 아니다. 세상 밖으로 나가는 것이 능사가 아니라는 말이다. 그러면 어떻게 해야 할까? 하나님의 백성은 세상을 위해 기도하고 목숨을 걸고 중보해야 한다.

창세기 19장은 그 앞의 18장의 맥락에서 보아야 한다. 아브라함은 멸망당할 소돔을 위해서 기도했다. 기도의 횟수나 의인 몇 명이 마지노선인지가 중요한 것이 아니다. 정말 중요한 것은 아브라함이 목숨을 걸고 그들을 위해 기도했다는 것이다. 더 기도했다가는 하나님이 자신에게 화를 내리실 것 같지만, 그래도 소돔 사람들을 위해 계속 기도했다. 아브라함은 소돔 사람과 아무런 이해관계가 없었다. 그런데도 그는 목숨을 걸고 그들이 멸망하지 않도록 하나님께 기도한 것이다. 이것이 하나님의 백성들이 세상에서 가장 우선적으로 해야 하는 일이다.

우리는 세상을 위해 기도해야 한다. 섬겨야 한다. 세상은 우리의 섬김의 대상이요 기도의 제목인 것이다. 멍에를 같이하지 말라는 말은 운명을 같이할 수 없다는 뜻이다. 그렇다고 해서 세상을 증오하고 판단하여 세상에서 떠나라는 말은 아니다. 그리스도인들이 더 고상하거나 우월하다는 말도 아니다. 세상은 다만 사랑의 대상이고 섬김의 대상이다. 그들을 섬기는 것이 하나님의 백성이 할 일이다.

민수기 16장을 보면 굉장히 특이한 사건의 기록이 나온다. 광야 40년 생활 거의 막바지에 이스라엘 백성들이 고라를 중심으로 모세와 아론에게 반역한 사건이다. 출애굽 이후 가장 규모가 크고 중대한 반역 사건이었다. 결국 하나님께서 사건의 주동자인 고라 집안을 벌하셨는데, 이번에는 미혹된 백성들이 고라 편에 서서 들고 일어났다. 심판에도 아랑곳하지 않고 정면으로 하나님을 대적한 것이다.

이에 하나님은 크게 진노하셨고, 모세와 아론에게 너희들은 살려줄테니 떠나라고 명하신 후(민 16:45), 이스라엘 백성들을 멸하시려고 순식간에 감염되어 죽는 전염병을 일으키셨다. 이 전염병은 이스라엘 백성들 사이에서 점점 퍼져 온 이스라엘이 죽게 될 판이었다. 그런데 모세와 아론은 하나님의 명령대로 그들을 떠나지 않았다. 오히려 그 백성들을 위해 중보하는데, 모세는 아론에게 '죽은 자와 산 자 사이에 서서'(민 16:48) 백성들을 위해 중보하라고 했다. 전염병이 퍼진 곳과 퍼지지 않은 곳의 경계에서 자신의 몸을 방패 삼아, 자신도 죽으리라는 각오로 그들을 위해 중보하라는 것이었다. 그러자 전염병이 기적적으로 확산을 그치고 중보자 아론이 있는 곳에서 멈추었다. 반역한 이스라엘은 모세와 아론의 중보 때문에 가까스로 살았다.

모세와 아론은 자신들을 공격하고 반역하는 사람들을 저주하고 죽음의 전염병이 돌 때 그들을 떠날 수 있었지만, 떠나라고 하신 하나님 말씀도 듣지 않고, 완악한 백성들을 위해 목숨을 걸고 중보했다. 이 이야기는 우리가 세상 속에서 무엇을 어떻게 해야 하는지를 선명하게 보여준다. 결코 형제가 될 수 없고 운명을 같이할 수 없는 세상, 오히려 우리를 공격하고 조롱하는 그 세상을 위해 목숨을 걸고 기도하는 것, 이것이 바로 그리스도인들이 가져야 하는 태도이다.

세상은 우리를 형제로 여기지 않을 수 있다. 결국에 가서 주님의 주님 되심의 문제 때문에도 함께할 수가 없다. 그러나 그들을 위해 기도하고 섬기는 것은 우리가 마땅히 할 일이다. 기도하기 전에 판단하거나 정죄하지 않고, 아브라함과 모세처럼 세상을 향해, 이웃을 위해 목숨을 걸고 기도하는 것이 하나님나라의 백성들의 미션이다.

현재는 소돔과 고모라처럼 악한, 어쩌면 그보다 더 악한 시대이자 세대일지 모른다. 매일 이유 없는 살인과 탐욕에 의한 범죄가 일어나고, 어린아이부터 노인에 이르기까지 적지 않은 사람들이 순간의 감정을 누르지 못하고 끔찍한 짓을 저질러버린다. 이런 시대를 향해 우리는 어떻게 중보해야 할까. 또 자녀를 중보자로 양육할 수 있을까.

하나님은 우리에게 소돔과 고모라의 멸망을 막을 의인 10인이 되라고, 니느웨의 멸망을 유예하는 데 쓰임 받는 요나가 되라고 요구하신다. 이 세상의 중보자가 되는 일은, 우리 자녀를 위해서도 꼭 필요하다. 자녀들이 살아가는 시대를 상상해보라. 지금 세상이 걸어가는 길은 결코 선한 길도 하나님이 바라시는 길도 아니다. 가는 걸음을 돌이

키게 하지 못하더라도, 적어도 발걸음을 늦추고 멈추게만 하더라도 우리는 세상을 중보해야 한다.

●─● 세상 속에 있든 세상 밖에 있든

하나님의 백성은 세상 속에 있든지 밖에 있든지, 거룩하고 구별된 삶을 사는 것이 중요하다. 그러면 하나님의 백성은 세상 속에 있어야 할까, 아니면 세상 밖으로 나가야 할까? 성경에서는 둘 다를 말하고 있다. 롯의 경우는 결국 하나님이 떠나라고 하셨다. 아브라함에게도 본토 친척 아버지 집을 떠나라고 하셨다. 그러나 항상 떠나라고 하지는 않으셨다. 요나를 니느웨로 보내시듯, 오히려 세상 밖이 아니라 세상 속으로 보내실 수 있었다. 예수님도 제자들을 세상으로 보내셨다.

> 예수께서 또 이르시되 너희에게 평강이 있을지어다 아버지께서 나를 보내신 것같이 나도 너희를 보내노라 _요 20:21

교회사를 보면, 교회가 사막에 수도원을 짓고 세상과 분리된 공동체를 이루면서 세속을 멀리하며 거룩한 삶을 추구하던 때가 있었다. 반대로 사회 속에서, 영적 영향력이든 물리적인 영향력이든 세상 속에서 영향력을 행세한 때도 있었다. 이 둘 중에 무엇이 더 마음에 와닿는가?

수도원처럼 교회가 세속과 분리돼 있으면 더 거룩해질 것 같은데,

꼭 그렇지만도 않다. 거기는 거기대로 타락이 있었다. 그렇다고 세상 속에 있자니 쉽게 세속화되고 세상과 동화된다. 그래서 예수님은 다음과 같이 기도하셨다.

내가 비옵는 것은 그들을 세상에서 데려가시기를 위함이 아니요 다만 악에 빠지지 않게 보전하시기를 위함이니이다 _요 17:15

예수님은 그의 제자들이 세상을 떠나지 않기를 바라시는 동시에 세상 속에서 악에 빠지지 않고 보전되기를 기도하셨다.

종합해보면, 세상 안에 있느냐, 세상 밖에 있느냐가 중요한 것이 아니다. 하나님은 세상을 떠나게도 하시고 때로는 머물게도 하신다. 중요한 것은, 우리가 세상 안에 있든 밖에 있든, 과연 하나님나라의 백성으로서 구별된 생각을 하고 구별된 삶을 사느냐는 것이다. 이 말씀은 이것을 우리에게 교훈해준다.

아브라함처럼 소돔 밖에서 살든지, 롯처럼 소돔 안에서 살든지, 사실 그 차이가 중요한 것은 아닐 수 있다. 그보다 중요한 것은, 우리가 어디에 있든지 우리가 스스로에게 어떤 정체성을 부여하고 그 정체성에 맞게 살고 있느냐 하는 것이다. 바울은 다음과 같이 고백하고 있다.

그런즉 우리는 몸으로 있든지 떠나든지 주를 기쁘시게 하는 자가 되기를 힘쓰노라 _고후 5:9

빨리 죽어서 천국에 가든 아니면 살아서 이 땅에 있든 간에, 바울의 소망은 주를 기쁘시게 하는 사람이 되는 것이었다. 정말 중요한 것은, 세상 속에 있든 밖에 있든, 내가 구별되게 생각하고 거룩하게 사는 것이다. 교회에 있든지, 가정에 거하든지, 직장에서 일하고 있든지, 그 장소는 중요하지 않다. 어디를 가든지 주와 동행하며 그분의 가치대로 생각하고 사는 것이 중요하다.

세상 속의 하나님의 백성은
- 세상과 형제가 될 수 없다.
- 세상을 위해 목숨을 걸고 중보해야 한다.
- 세상 안에 있든 밖에 있든, 구별된 삶을 살아야 한다.

어쩌면 세상보다 우리가 더 문제일지 모른다. 말은 하나님의 백성이라고 하지만 욕심을 따라 썩어져가는 옛 모습과 세상 풍조를 좇는 롯과 그 모습이 같을지도 모른다. 세상과 구별되어야 함에도 세속화되고, 그들을 위해 기도하고 중보해야 함에도 오히려 하나님의 영광을 가린다. 그러므로 우리는 말씀 앞에서 자신을 돌아보며, 어디에서든 우리가 하나님나라의 백성이라는 분명한 정체성과 자존심과 자부심을 따라 살아야 하겠다.

신앙 유전자 적용 포인트

1. 당신 생각에 롯은 의인일까요, 악인일까요? 당신은 롯과 어떤 점이 닮았고 어떤 점이 다릅니까? 당신의 자녀가 롯과 같다면 어떻게 조언할 것 같습니까?

2. 아래의 배 그림을 보고, 각 그림의 의미와 차이에 대한 생각을 나누어 봅시다. 당신 자신은 어느 모델(배)에 가깝다고 생각하십니까?

| 세속화 | 분리 | 성육신 |

3. 당신은 자녀에게 이 세상에서 진짜 '믿음'으로 살아가도록 이끌어주고 있습니까? 기독교인이 점점 줄어들고, 세상에서 교회가 손가락질을 받고 있는 지금, 당신의 자녀는 자기가 그리스도인임을 당당하게 말하고 있습니까?

4. 다음 세대를 위해 당신은 어떻게 중보하겠습니까? 자녀의 연령에 맞추어 세상을 위해, 그 세대를 위해 중보기도를 하십시오.

7

사람을 소중히 여기시는
하나님을 알자

창세기 21:8-13

이스마엘은 버려진 사람이 아니다!

옛말에 "형만한 아우 없다"라고 했지만 실상 그렇지만도 않다. 7장에서 이야기를 나누려는 이스마엘은 '아우만 못한 형'이다. 그러나 또 꼭 아우만 못했던 형도 아니었다.

이스마엘이 누구인가? 겉으로 보기에는 약속 밖의 자녀이다. 하나님께서 아브라함과 사라를 통해 자손을 주겠다고 약속하셨다. 그런데 오랜 시간이 지나도록 응답이 없자, 아브라함은 사라의 권유로 여종 하갈을 통해 자식을 보았다. 그 아들이 바로 이스마엘이다. 이처럼

신앙 유전자

이스마엘의 출생은 그 발상도 과정도 인간의 의지이자 온전히 인간의 방법이었다. 무엇보다 그 근본에는 하나님의 약속을 믿고 기다리지 않고 성급하게 자신이 하나님의 일을 이루려고 한 불신앙이 있었다. 그래서 이스마엘은 '실수로 태어난 아이', '하나님의 뜻에 합당하지 않게 태어난 아이'로 생각되어 왔다. 그러나 성경을 자세히 보면 이스마엘은 막연히 버림받은 아이가 아니었다. 그도 축복의 자녀였다!

이삭이 태어나고 3년이 지난 어느 날[41], 사라는 이삭보다 14살이 많은 이스마엘이 이삭을 놀리는 것을 보았다. 여기서 '놀렸다'는 말이 무엇인지는 정확하지 않다. 단순히 놀린 것으로 보는 사람이 있는가 하면, 학대했다고 해석하는[42] 사람도 있다. 어떤 행동인지 명확하지 않지만, 많은 학자들은 이스마엘이 이삭을 적자로 인정하지 않고 자신이 상속자인 양 어떤 행동을 한 것으로 본다.

사라는 불쾌한 마음을 넘어 불안한 마음이 들었다. 창세기 21장 10절은, 사라가 단순히 질투한 것이 아니라 이스마엘이 상속자가 될까 봐 염려했음을 묘사한다. 혹시 장자권이 이스마엘에게 넘어가는 것은 아닌가 걱정했다는 말이다. 이에 사라는 아브라함에게 이스마엘을 내쫓으라고 강하게 요청했다. 당시에는 적자가 태어나면 서자는 재산을 물려받지 못했다.[43] 이스마엘이 상속에서 소외되는 것은 당시의 관례로는 당연했다. 그런데도 사라는 불안했고, 불안한 마음을

---

41   창 21:8. 젖을 떼는 날은 생후 3년에 해당한다. 비교, 삼상 1:22-25.
42   비교, 갈 4:29.
43   BC 19세기 리피트-이슈타르 법전, 월키, 521.

아브라함에게 전달했다. 그 말은 들은 아브라함이 '그의 아들(이스마엘)로 말미암아 그 일을 매우 근심하였다'라고 성경은 기록한다(창 21:11). 히브리어 원문의 뉘앙스를 살린다면 '이 말을 들은 아브라함은 덜덜 떨며 매우 심하게 근심했다' 정도로 번역할 수 있다. 여기서 우리는 아버지 아브라함의 마음을 읽을 수 있다. 아브라함은 이스마엘이 서자였지만 그를 무척 사랑했던 것이다. 그래서 사라는 그 마음이 상속권으로 이어질까봐 불안했던 것이었다.

그런 아브라함에게, 하나님께서는 사라의 요구대로 이스마엘을 떠나보내라고 하셨다. 이스마엘을 축복해줄 테니 그것을 믿고 사막으로 보내라는 것이었다. 당시 사막으로 추방당하는 것은 곧 죽음을 의미했다. 아무리 하나님이 약속하셨다지만(창 21:13) 아브라함에게는 그 말이 이스마엘을 죽이라는 말씀으로 들렸을 것이다. 그런데도 아브라함은 "아침에 일찍 일어나" 준비하여 하갈과 이스마엘을 내보냈다(창 21:14). 이 행동은 훗날 아브라함이 이삭을 바치러 갈 때 한 행동과 똑같다(창 22:3). 성경이 자세히 기록하고 있지는 않지만, 아브라함은 훗날 이삭을 바칠 때와 같은 마음으로 이스마엘을 떠나보냈다고 묘사한 것이다.[44] 아브라함은 아들 이스마엘을 이삭만큼 사랑했던 것이다.

그런데 우리가 살펴보려는 것은 아브라함 개인의 심정이 아니다.

---

44 한편, 아브라함이 이스마엘을 바친 것에 대해 첫 아들(장자)을 바쳤다는 의미를 부여하는 사람들이 있다. 그러나 그런 해석은 '독자 이삭'라는 성경의 표현으로 미루어보아 과장되었다고 할 수 있다. 오스왈드 챔버스가 《주님은 나의 최고봉》에서 말한 것처럼 '이삭을 바치기 전에 이스마엘을 먼저 바치라 - 영적인 것을 바치기 전에 자연적인 것을 먼저 바치라'는 식의 해석도 있는데, 의미 있는 관찰이지만 이 역시 과한 영적 해설이다.

아버지로서 아들을 바라보는 마음은, 그 아들이 서자라도 당연히 사랑일 것이다. 여기서 말하려는 것은, 이스마엘이 아브라함 개인에게 뿐 아니라 하나님의 역사에서도 매우 중요한 사람이었다는 사실이다.

본문을 통해 이스마엘에 관한 놀라운 사실을 확인할 수 있다.[45] 우선 이 말씀에 이스마엘을 향한 축복의, 약속의 말씀이 있다.

> 그러나 여종의 아들도 네 씨니 내가 그로 한 민족을 이루게 하리라 하신지라 _창 21:13

성경을 찾아보면 이스마엘의 축복은 아브라함과 이삭에게 하신 축복의 약속과 맞먹는 것임을 알 수 있다. 실은, 하나님은 이스마엘에게 아브라함, 이삭과 거의 같은 약속을 주셨다. 다음은 하나님께서 아브라함과 이삭과 이스마엘에게 주신 약속을 비교한 표이다.[46]

아브라함	이삭	이스마엘
별의 숫자와 같은 자손 (창 15:5, 22:17)	별과 같이 번성하는 자손 (창 26:4)	수가 많아 셀 수 없는 자손 (창 16:10)
언약, 여러 민족, 왕들, 씨의 큰 번성, 복, 할례 (창 17:4-6, 24, 22:17)	언약, 복, 할례 (창 17:19, 21:4, 26:4)	복, 크게 번성, 열두 두령, 큰 나라, 할례 (창 17:20, 23)
땅의 모든 족속이 아브라함으로 말미암아 복을 얻음 (창 12:3, 18:18, 22:18)	이삭의 자손으로 말미암아 천하 만민이 복을 받음 (창 26:4, 21:12)	

45 이후 많은 부분을 조나단 E. 컬버, 제이콥 조 역, 《아브라함의 아들 이스마엘》(인사이더스, 2015)에서 영감을 받았다. 세부적으로 혹은 해석학적으로는 비평받아야 하는 부분이 종종 있지만 이스마엘에 대한 우리의 시각을 재고하게 한다. 박철현 교수도 이 부분을 강조하고 있다. 박철현, 《깨진 토기의 축복》(솔로몬, 2012), 57-59.
46 조나단 E. 컬버, 91.

놀랍지 않은가? 성경에서 아브라함의 자손, 이스라엘의 자손들 외에는 하나님께서 이런 민족적인 복을 주신 예를 찾을 수 없다. 그런데 이스마엘은 자손의 복, 땅의 복, 언약 등 아브라함의 자손에게 주어진 복과 거의 동일한 복을 약속받은 것이다.

다만 차이가 있다면, 아브라함의 자손들에게는 그들로 말미암아 사람들이 복을 받는다는 것이 있다. 곧 복의 통로가 된다는 약속을 받았다. 하지만 이스마엘에게는 그런 약속이 없었다는 점이다. '축복의 통로'란 세상 사람들을 구원하는 하나님의 사역에 쓰임을 받는다는 언약적, 선교적 축복을 말한다. 이스마엘은 그런 언약적 사명이 없는 '그냥' 축복이었다.

더 놀라운 사실은, 이러한 복을 네 번이나 약속하셨다는 것이다.

여호와의 사자가 또 그(하갈)에게 이르되 내가 네 씨를 크게 번성하여 그 수가 많아 셀 수 없게 하리라 _창 16:10

이스마엘에 대하여는 내가 네 말을 들었나니 내가 그에게 복을 주어 그를 매우 크게 생육하고 번성하게 할지라 그가 열두 두령을 낳으리니 내가 그를 큰 나라가 되게 하려니와 _창 17:20

그러나 여종(하갈)의 아들(이스마엘)도 네 씨니 내가 그로 한 민족을 이루게 하리라 하신지라 _창 21:13

일어나 아이를 일으켜 네(하갈) 손으로 붙들라 그(이스마엘)가 큰 민족
을 이루게 하리라 하시니라 _창 21:18

이같이 하나님은 아브라함과 이삭에게만 하셨을 법한 축복을 이스
마엘에게 한 번도 아니고 네 번이나 하셨다. 그만큼 확실하게 약속하
신 것이다. 게다가 야곱의 열두 아들처럼 이스마엘의 자녀도 12명이
었고, 그들을 통해 큰 민족을 이루셨다.

이스마엘에 대하여는 내가 네 말을 들었나니 내가 그에게 복을 주어
그를 매우 크게 생육하고 번성하게 할지라 그가 열두 두령을 낳으리
니 내가 그를 큰 나라가 되게 하려니와 _창 17:20[47]

'열둘'이라는 숫자는 성경에서 중요하다. 구약에는 12지파가 있고,
신약에는 12제자가 있다. 거기에 상응하게 이스마엘의 아들도 12명
이었다. 그리고 이와 같은 하나님의 축복으로 이스마엘의 자손들은
큰 민족(아랍 사람)을 이루었다.[48] 이스마엘은 그 죽음까지도 아브라

---

47 비교, 창세기 25장 12-18절 "사라의 여종 애굽인 하갈이 아브라함에게 낳은 아들 이스마엘의 족보는 이러하고
    이스마엘의 아들들의 이름은 그 이름과 그 세대대로 이와 같으니라 이스마엘의 장자는 느바욧이요 그 다음은
    게달과 앗브엘과 밉삼과 미스마와 두마와 맛사와 하닷과 데마와 여둘과 나비스와 게드마니 이들은 이스마엘
    의 아들들이요 그 촌과 부락대로 된 이름이며 그 족속대로는 열두 지도자들이었더라 이스마엘은 향년이 백삼
    십칠 세에 기운이 다하여 죽어 자기 백성에게로 돌아갔고 그 자손들은 하윌라에서부터 앗수르로 통하는 애굽
    앞 술까지 이르러 그 모든 형제의 맞은편에 거주하였더라"
48 현재 '아랍 사람'이라는 말의 쓰임은 광범위하다. 혈통적으로 이스마엘의 후손뿐만 아니라 지역적으로 중동지
    역에 사는 사람들을 통칭하기도 한다. 영적, 문화적 측면에서 아랍 사람들이 이스마엘의 후손이라는 말에는 대
    부분 동의한다. 한편, 아랍사람들은 이슬람의 창시자인 모하멧(무하마드)이 이스마엘의 후손이라고 믿고 있다.

함, 이삭의 죽음과 동등하게 취급되었다.

> 그(아브라함)의 나이가 높고 늙어서 기운이 다하여 죽어 자기 열조에
> 게로 돌아가매 _창 25:8

> 이스마엘은 향년이 백삼십칠 세에 기운이 다하여 죽어 자기 백성(열
> 조)**49**에게로 돌아갔고 _창 25:17

> 이삭이 나이가 많고 늙어 기운이 다하매 죽어 자기 열조에게로 돌아
> 가니 그의 아들 에서와 야곱이 그를 장사하였더라 _창 35:29

이처럼 이스마엘은 언약적 축복의 밖에 있었지만 아브라함의 후손
으로서의 축복을 동등하게 약속받았다.

그 외에도 성경에는 이스마엘 후손에 대한 기록이 많다. 에서가 이
스마엘의 딸과 결혼했고(창 28:9), 다윗의 낙타와 양을 지켰던 사람들
이 이스마엘의 후손이었으며(대상 27:30,31), 구약에서 아라비아 사람
들이라고 불리는 사람들 대부분이 이스마엘의 후손이고, 잠언에 등
장하는 아굴과 르무엘은 이스마엘의 아들인 맛사의 후손이었다.

신약에도 이스마엘의 후손이 등장한다. 예수님 탄생 시 찾아와 경
배했던 동방박사들이 이스마엘의 후손일 가능성이 높다. 바울은 회
심한 직후 이스마엘의 땅(갈 1:17의 아라비아 = 나바티안 왕국)에서 머물

49　히브리어로 '암'이라는 단어로 개역성경에는 '열조'라고 동일하게 번역되어 있다.

신앙 유전자

면서 가장 먼저 복음을 전했다. 그리고 역사의 종말 때에 하나님께 예배드리기 위하여 예루살렘의 새 성전에 가장 먼저 오는 이방 민족이 이스마엘 민족이라고 예언되었다(사 60:6-7; 계 21:22-27). 이렇듯 이스마엘은 비극적인, 인간의 실수로 태어난, 믿음 없음을 나타내는, 미움받고 차별받는 아이가 아니었다. 그는 아브라함과 이삭만큼 하나님의 복을 받은 사람이요, 그의 후손들도 동일한 복을 받았다.

●─●

하나님은 일 중심이 아니시다

하나님의 사랑을 받은 이스마엘의 이야기를 보며 우리가 무엇을 묵상할 수 있을까? 먼저, 하나님은 사람을 소중히 여기신다는 것이다. 하나님은 일 중심이 아니시다. 한 사람 한 사람에게 깊은 관심이 있으시며, 한 사람 한사람의 생명을 귀히 여기신다. 하나님은 일도 중요하게 여기시지만, 일을 성취하려고 사람들을 부수적인 존재로 보는 일은 결코 없으시다.

이스마엘은 아브라함과 사라가 조급함과 불신으로 하나님의 뜻을 뒤로한 채 행한 일의 결과였다. 그렇더라도 하나님은 이스마엘을 버리거나 제외하지 않으셨다. 이스마엘 역시 하나님께는 약속의 소중한 증거였다. 하나님은 이스마엘만 소중히 여기시지 않았다. 아브라함과 이삭의 자손들만 소중히 여기신 것이 아니라, 온 인류를 그렇게 소중히 여기셨다. 바울은 하나님의 사람을 향한 하나님의 마음을 다음과 같이 선포했다.

하나님은 모든 사람이 구원을 받으며 진리를 아는 데에 이르기를 원하시느니라 _딤전 2:4

하나님은 모든 사람이 하나님의 자녀가 되길 원하신다. 그것이 하나님의 간절한 소망이며 열망이다. 베드로는 하나님의 그 마음을 다음과 같이 표현했다.

주의 약속은 어떤 이들이 더디다고 생각하는 것같이 더딘 것이 아니라 오직 주께서는 너희를 대하여 오래 참으사 아무도 멸망하지 아니하고 다 회개하기에 이르기를 원하시느니라 _벧후 3:9

하나님은 모든 사람이 하나님의 자녀가 되길 원하시고, 하나님께 돌아오길 바라신다. 이것이 하나님의 마음이다. 하나님은 구원의 역사에서 함부로 사람을 제외하거나 소외시키시는 분이 아니다. 하나님의 역사에 '왕따'는 없다.

하나님은 아브라함이든 이삭이든 이스마엘이든 아니면 오늘날의 우리든, 그 누구라도 마지막 한 사람, 한 영혼까지 소중히 여기시는 분이다. 사람이 실수하거나 잘못하더라도, 하나님은 끝까지 그를 돌보고 붙드시며, 축복하신다. 심지어 우리가 자신을 포기하여 빗나가고 실수하고 도망가도 하나님은 우리를 포기하지 않으시며, 우리가 부르짖을 때에 응답하시고, 우리에게 하신 약속을 반드시 이루신다.

너는 그들에게 말하라 주 여호와의 말씀이니라 나의 삶을 두고 맹세하노니 나는 악인이 죽는 것을 기뻐하지 아니하고 악인이 그의 길에서 돌이켜 떠나 사는 것을 기뻐하노라⋯ _겔 33:11

이것이 하나님의 본심이다

'20달러의 가치'라는 이야기를 한 번쯤 들어보았을 것이다. 한 연설가가 청중들 앞에서 20달러짜리 지폐를 보여주면서, 이 돈을 원하는 사람은 손을 들라고 했다. 사람들은 너도나도 손을 들었다. 그러자 그 사람이 돈을 마구 구기고 나서 다시 물었다.

"아직도 이 돈을 원합니까?"

사람들은 다시 손을 들었다. 이제 연설가는 돈을 바닥에 던지고 구둣발로 밟았다. 돈은 더 구겨지고 더러워졌다. 그는 다시 물었다.

"여전히 이 돈을 원합니까? 그런 분은 손을 드세요."

사람들은 여전히 손을 들었다. 그러자 연설가가 말했다.

"여러분, 오늘 우리는 가치 있는 수업을 했습니다. 내가 이 돈을 구기든 짓밟든 이 돈의 가치는 그대로 20달러였습니다. 이처럼 우리 인생이 구겨지고 던져지고 더러워져도 우리의 가치는 변함이 없습니다."

하나님께는 우리도 마찬가지이다. 때로 우리가 실수하고 죄를 짓더라도 하나님은 우리의 가치를 평가절하하지 않으신다. 하나님은 한 사람에게 깊은 관심이 있으시고, 그 한 사람을 소중히 여기시며, 어떻게든지 축복하려고 하신다.

때로 우리는, 우리가 우리 스스로를 용납하지 못할 때가 있다. 그것이 완벽주의인지 율법주의인지는 모르겠지만, 우리는 연약하고 때로 실수하고 실패할 수 밖에 없는 존재들이다. 그것을 인정해야 한다. 그러나 우리에게 소망이 있는 것은 바로 이같이 한 사람을 소중히 여기시는, 한 사람의 작은 신음까지 들으시는 하나님이 계시기 때문이다. 한 사람, 한 영혼을 소중히 여기시는 하나님, 부족한 사람에게도 끝까지 축복하시려는 하나님, 이 하나님을 기억하자. 이 하나님이 우리의 하나님이시다.

●—●

하나님은 신실하신지라

그런데 하나님께서 한 사람 한 사람을 소중히 여기시는 이유가, 우리가 마냥 사랑스럽기 때문이라고 생각해서는 안 된다. 우리가 사랑을 받을 만한 존재라서 그렇다고 착각하면 안 된다.

하나님이 이스마엘을 축복하신 것은, 이스마엘을 불쌍히 여기거나 이스마엘이 하나님 마음에 드는 행동을 했기 때문이 아니다. 하나님은 신실하시며, 그 신실함에는 변함이 없고, 차별하지 않는 분이시므로 이스마엘을 축복하신 것이다. 하나님은 사람이 하나님을 배신하거나 대적하지 않는 한, 그분의 긍휼을 바라고 은혜를 바라는 한, 기꺼이 사람들에게 그의 신실하심을 보이신다. 그분의 신실하심이 이스마엘이 축복받은 이유이다. 이것은 이스마엘과 그 후손에게만이 아니라 아브라함과 이삭의 후손에게도 동일하게 적용되었다.

> 7여호와께서 너희를 기뻐하시고 너희를 택하심은 너희가 다른 민족보
> 다 수효가 많기 때문이 아니니라 너희는 오히려 모든 민족 중에 가장
> 적으니라 8여호와께서 다만 너희를 사랑하심으로 말미암아… _신 7:7-8

하나님이 이스라엘을 택하신 것은 그들이 잘나서도 아니고 그들이
무엇을 잘해서도 아니다. 오직 하나님이 그들을 사랑하여 은혜로 택
하셨다고 말씀한다. 이스라엘도 이스마엘도, 그리고 오늘날 우리도
하나님의 신실하심 때문에 그 은혜를 입었다.

하나님의 마음을 이해하기 위해서는 부모가 되어봐야 한다는 말을
종종 접한다. 하나님의 사랑과 비교할 수 있는 사랑이 이 세상에 존재
하지 않겠지만, 가장 비슷한 모양을 가지고 있는 것이 자식을 향한 부
모의 사랑이다. 간혹 그렇지 못한 부모도 있지만, 대개의 부모는 자식
을 향해 무조건적인 사랑을 베푼다. 자녀가 어떤 자격이 있거나 사랑
받을 만해서가 아니라, 그저 자녀라는 이유만으로, 자녀를 향한 신실
한 사랑으로 사랑한다. 하나님의 신실하심과 비교할 수는 없지만, 부
모로서 자녀를 향한 우리의 사랑에 하나님의 신실하심을 닮은 구석
이 조금은 있지 않을까.

자녀에게 부모의 사랑을 주는 동시에 하나님의 사랑, 절대적이고
무한한 사랑도 알려주어야 한다. 이스마엘의 축복이 아니라 이삭의
축복이 되기 위해서는 부모가 축복의 통로가 되어야 하는데, 통로의

역할을 충실히 하는 것은 곧 자녀에게 믿음의 유산을 잘 물려주는 일이다.

그러나 C. S. 루이스의 말을 빌리자면, "하나님이 우리를 사랑하신다는 것을 믿는 순간에도, 우리 안에는 그분이 사랑이시기 때문이 아니라 우리가 본질적으로 사랑스러운 존재이기 때문에 우리를 사랑하신다고 믿고 싶은 충동이 생겨"난다.[50] 그래서, 예를 들자면, 왜 아브라함이 혹은 이스마엘이 하나님의 축복을 받았는지 그 메커니즘과 비결을 찾으려고 애를 쓴다. 그것은 은연중에 우리가 그 조건에 맞게 선한 행동을 해야 사랑받을 만한 자격이 생긴다고 생각하기 때문이다.

거듭 말하지만, 내가 하나님께 사랑을 받는 이유는 내가 사랑받을 만한 조건을 충족했기 때문이 아니라, 그분이 선하시고 신실하시기 때문이다. 〈개구쟁이 데니스〉(Dennis the Menace)라는 만화에서 이런 이야기를 읽은 적이 있다. 어느 날 악동 데니스가 친구 조이와 함께 윌슨 부인 집에서 걸어 나왔다. 그들의 손에는 윌슨 부인이 구워준 과자가 가득 들려 있었다. 조이가 말했다. "우리가 뭘 잘했길래 이렇게 잘해주시는 걸까?" 그러자 데니스가 대답했다. "봐봐, 조이. 우리가 뭘 잘해서가 아니라 윌슨 부인이 좋은 분이라서 그래."[51]

하나님은 우리가 뭘 잘해서, 사랑스러워서, 동정심을 살 만해서 우리에게 은혜를 베푸시는 것이 아니다. 하나님은 근본적으로 신실하

---

50   C. S. 루이스, 이종태 역, 《네 가지 사랑》(홍성사 2005), 160.

51   Zig Ziglar, Staying Up, Up, Up in a Down, Down World: Daily Hope for the Daily Grind(Thomas Nelson, 2000), 79-80.

시고 그 신실함에는 차별이 없기 때문에 우리에게 은혜를 주시는 것이다. 이것을 제대로 깨달을 때에야 우리는 비로소 그 은혜로운 사랑에 감사할 수 있다.

바꾸어 말하면, 우리가 하나님의 신실하심에 감격하지 못하는 이유는 우리가 지금도 품위가 있고 고상하다고 생각한다는 것이다. 우리가 무기력하고 아무것도 할 수 없다고 인정할 때에야 비로소 우리는 신실하신 하나님을 찬양할 수 있다. 이렇게 되어야 우리는 비로소 하나님과의 올바른 관계를 유지할 수 있다. 이 사실을 인정할 때에야 우리는 하나님께 잘 보이려 하기보다는 그분과 더 친밀한 관계가 되기를 갈망하게 된다. 곧 하나님과 내가 이해관계가 아니라 인격적인 관계를 맺는다는 말이다.

우리의 자녀들에게도 이 신실하신 하나님을 잘 전해야 한다. 신실하신 하나님을 바라보는 법을 잘 가르쳐야 하는 것이다. 하나님께 이쁨 받으려고, 하나님께 잘 보이려는 동기에서 하기 보다는, 그 신실하신 하나님의 은혜에 집중할 수 있도록 도와주어야 한다. 그것이 진짜 축복임을 가르쳐야 하겠다. 예배 잘 드렸더니 공부 잘하고 헌금 잘 했더니 부자되고, 이런 축복의 메커니즘이 아니라, 신실하신 하나님을 묵상하고, 의지하고, 경험하는 법을 가르쳐야 하는 것이다. 우리가 은혜를 입는 것은, 우리가 축복을 받는 것은 하나님의 신실하심 때문이라는 것을 기억하자.

세상에 기도하지 않아도 되는 사람은 없다

그런데 하나님이 한 사람 한 사람을 소중히 여기시는 신실한 하나님이라고 해서 '우리는 아무것도 하지 않아도 된다'는 것은 아니다. 우리가 해야 할 일이 분명히 있는데, 바로 겸손히 기도하는 것이다. 우리는 이스마엘을 소중히 여기신 신실한 하나님의 역사 뒤에 하갈의 겸손한 기도가 있었음을 기억해야 한다.

아브라함의 집에서 쫓겨난 하갈과 이스마엘은 사막으로 갔다. 그들이 가지고 간 물은 곧 떨어졌고, 그들 모자는 죽음의 코앞에 이르렀다. 아들이 죽어가는 것을 그대로 두고 볼 수 없었던 하갈은 이스마엘과 100미터 정도 떨어진 곳에서 울면서 부르짖었다.

"아이가 죽는 것을 보지 않게 하소서!"(창 21:16)

하갈은 아브라함과 사라를 원망하거나 상황에 분노하지 않았다. 그저 기도했다. 하갈이 하나님께 부르짖은 것을 당연하게 생각하면 안 된다. 그때는 기도밖에 할 것이 없었다고 하갈의 기도를 평가절하해서도 안 된다.

사람이 극한 상황에 처하여 그때라도 기도하는 것은 겸손의 발로이다. 자존심 상할 것 없다. 평소에 기도하지 않다가 위기가 닥쳐서야 기도하는 것에 죄스럽게 여기지 마라. 자존심이나 체면이 남아 있다면 아직 심각한 절망은 아니다. 하나님의 신실하심 앞에서 우리가 할 일은, 스스로 헤쳐 갈 수 있다고 잘난 척하지 않고, 누구를 원망하거나 분노하지 않고, 겸손하게 기도하는 것뿐이다.

하갈만 기도한 것이 아니라 이스마엘도 같이 기도했다.

하나님이 그 어린아이의 소리를 들으셨으므로 하나님의 사자가 하늘에서부터 하갈을 불러 이르시되 하갈아 무슨 일이냐 두려워하지 말라 하나님이 저기 있는 아이의 소리를 들으셨나니 _창 21:17

하나님께 부르짖은 것은 하갈인데 하나님은 아이(이스마엘)의 소리를 들었다고 하셨다. 이스마엘도 어머니 하갈과 같은 심정으로 하나님께 기도한 것이다. 이에 하나님이 그들이 물을 발견하게 하시고, 그곳에서 자리를 잡고 이스마엘이 장성하게 하셨다. 물론 기도가 하나님의 신실하심을 유발한다는 말은 아니다. 하나님은 그분의 신실함을 나타내기에 이미 충분하시다. 따라서 우리가 기도하는 것은 하나님의 동정심을 유발하기 위해서가 아니다. 그러면 왜 기도해야 할까?

우리는 다만 기도해야 하기 때문에, 기도할 수밖에 없기 때문에 기도하는 것이다. 우리는 기도하지 않으면 살 수 없는 연약한 존재이고, 그것을 인정하는 것이 기도이다. 그러므로 기도하지 않는 것은 게을러서가 아니라 교만해서이다.

〈새도우 랜드〉는 C. S. 루이스가 회심한 이후의 생애를 그린 영화이다. 영화 중에, C. S. 루이스가 아내 조이가 암으로 죽을 것을 알고는 하나님께 눈물로 기도하는 장면이 나온다. 기도하던 중 마침 아내가 호전되었다는 소식을 들었다. 그가 급하게 뛰어나갈 때 친구가 말했다. "기도 응답이야!" 그러자 루이스가 정색하며 말했다.

"난 응답 받기 위해서 기도한 것이 아닐세. 기도할 수밖에 없어서 기도했다네. 기도는 하나님의 뜻을 바꾸는 것이 아니라 나를 바꾸는 것일세."[52]

우리는 기도할 수밖에 없는 낮은 존재들이다. 하나님은 그런 낮은 자의 기도를 들으시는 분이다. 사람을 소중히 여기는 신실하신 하나님 앞에서 우리는 다만 겸손하게 기도할 뿐이다. 세상에 기도하지 않아도 되는 사람은 없다. 아니, 그런 존재는 없다. 자연은 자연대로 하나님을 찬양하고 기도한다. 오직 인간만이 교만하여 기도하지 않는다.

안타깝게도, 많은 부모가 자녀를 위해 희생하고 뒷받침하면서 교만함도 같이 키워주는 경우를 종종 본다. 그러나 정말 자녀를 위한다면, 자녀가 믿음의 유산을 물려받아 신앙 가운데 살아가기를 바란다면, 반드시 기도하되 가난하고 낮은 마음으로 기도하도록 훈련시켜야 한다. 그렇게 기도하는 부모의 모습을, 자녀는 그대로 따라할 것이다.

기도뿐 아니라 우리는 신앙과 세상의 경계를 놓치는 경우가 많다. 참으로 다행인 것은, 하나님은 그럴 때도 여전히 신실하신 하나님이라는 것이다. 하나님 앞에서 다만 기도하기를 멈추지 말고, 그런 부모가 되어, 그런 자녀로 양육해야 하겠다.

이스마엘을 통해 알게 된 하나님
 - 사람을 소중히 여기시는 하나님
 - 좋으신, 신실하신, 인격적인 하나님

52 영화 〈새도우 랜드〉, 01′30″.

- 낮은 자의 기도를 외면하지 않으시는 하나님

이스마엘은 인간의 실수로 태어났다. 그렇더라도 그는 하나님께 소중한 존재였다. 신실한 하나님은 그의 기도를 들으시고 그를 살리셨을 뿐만 아니라 복을 주셨다. 그래서 우리 인생이 이삭 같든 이스마엘 같든 상관없다. 하나님은 사람을 소중히 여기시고, 신실하고 인격적이시며, 낮은 자의 기도를 외면하지 않으신다. 그러므로 그분께 하찮은 인생이란 없으며, 누구든 겸손하게 기도할 때에 반드시 들어주신다. 이런 좋으신, 신실하신, 인격적인 하나님을 깊이 경험하는 것이 우리의 행복이 되어야 한다.

신앙 유전자 적용 포인트

1. 이삭과 이스마엘에게 주신 축복이 어떤 점에서 같고 어떤 점에서 다른지 찾아봅시다. 그리고 우리가 바라는 축복은 과연 이삭의 축복인지, 아니면 이스마엘의 축복인지 정직하게 묵상해봅시다.

_____

_____

2. 당신이 자녀의 성공을 위해 인간적으로, 세상적으로 노력하고 애쓰는 시간과, 자녀의 신앙을 위해 기도하는 시간을 비교해봅시다. 하나님 앞에서 부끄럽지 않을 만큼 기도하고 있습니까?

_____

_____

3. 우리는 기도할 수밖에 없는 낮은 존재이기 때문에 기도합니다. 기도하지 않아도 되는 사람은 없습니다. 당신의 기도 생활을 점검해보십시오. 그리고 그 기도 생활에 자녀를 동참시키십시오. 기도하는 모습을 보여주는 것이 쑥스럽더라도, 어떻게 해야 할지 몰라도 함께 하십시오. 자녀와 함께 기도하는 시간은 믿음의 유산을 물려주는 매우 소중한 기회이자 시간이 될 것입니다.

_____

_____

8

여호와 이레의 하나님을 경험하자

창세기 22:1-19

하나님은 준비되셨는데,
나는 어떤가?

월키(Bruce K. Waltke)라는 신학자는 그의 주석에서 흥미롭게도 아브라함의 생애를 학교에서 훈련받는 학생으로 비유한다. 아브라함이 하나님의 부르심을 받았을 때를 '초등학생'으로, 이삭을 얻기까지의 세월은 '대학생'으로, 그리고 이 8장에서 읽은 본문 22장을 지나면서 '대학원생'으로 묘사한다.[53] 점차 성숙해가는 아브라함의 믿음을 그렇게 표현한 것이다.

어떤 과정이든지 진학을 하려면 시험을 통과해야 한다. 아브라함을

---

53   월키, 343-344.

학생이라고 비유했을 때, 아브라함의 믿음의 여정은 진학하기 위한 시험의 연속이었다고 해도 틀린 말은 아닐 것이다. 어떤 유대인들은 아브라함이 살아가는 동안 많은 시험이 있었지만, 최소 7개 혹은 10개의 큰 시험이 있었고 그것을 잘 통과했다고 생각한다.[54] 그 많은 시험 후에 아브라함은 드디어 마지막 시험을 치른다. 이삭을 제물로 바치라는, 하나님이 직접 출제하고 감독하시는 시험이었다.

> [1]그 일 후에 하나님이 아브라함을 시험하시려고 그를 부르시되 아브라함아 하시니 그가 이르되 내가 여기 있나이다 [2]여호와께서 이르시되 네 아들 네 사랑하는 독자 이삭을 데리고 모리아 땅으로 가서 내가 네게 일러준 한 산 거기서 그를 번제로 드리라 _창 22:1-2

물론 우리는 하나님이 이삭을 죽이시려는 것이 아님을 알고 있지만 당시의 아브라함은 그렇지 않았다. 아브라함은 하나님이 아들을 진짜로 죽이라고 명령하신다고 생각했다. 여기에 대한 아브라함의 반응은, 우리가 잘 아는 대로 즉각적이고도 철저한 순종이었다.

이삭을 바치라는 하나님의 시험과 이에 대한 아브라함의 반응을 묵상하는 것은, 믿음이 성장하기를 바라고 믿음의 가장으로 올바로 서길 원하는 우리에게 매우 중요한 도전을 준다.

---

54 (구약 외경 중 하나인) 희년서 17장 17-18절. 여기에는 아브라함이 고향을 떠난 것, 가나안의 기근, 십일조, 아비멜렉에게 사라를 빼앗긴 사건, 할례, 하갈과 이스마엘과 관련한 일들, 이삭을 바침, 이렇게 7개의 시험을 말하고 있지만, 희년서 19장 2,3,8절에서는 사라의 죽음을 열 번째 시험이라고 묘사하고 있다. 더 많은 시험들이 있었겠지만 일곱이라는 숫자와 열이라는 숫자에 맞춤으로 완전함의 의미를 부여한 것 같다.

너의 가장 소중한 것을 포기하라

아들을 죽여 번제로 바치라는 하나님의 명령은 굉장히 이례적이고 이질적인 것이다. 정말 잔인하고 철저하게 비윤리적인 명령이었고, 무엇보다도 하나님 스스로 자신에 대한 신뢰를 깨는 모순된 명령이었다.

이삭이 아브라함에게 어떤 존재였는가? 100세에 얻은 아들이었다 (창 17:17). 기다리고 기다리다 소망이 사라질 즈음에 기적적으로 태어난 아들이었다. 얼마나 사랑스러웠을까? 게다가 이삭은 약속의 증거였다. 하나님이 살아 계시고 신실하시다는 증거가 곧 이삭이었다. 그런 그를 아브라함은 얼마나 애지중지했을까? 22장을 보니 '네 아들', '네 사랑하는 (아들)', '독자'라고 세 번을 강조하고 있다. 그만큼 아브라함에게 개인적으로나 신앙적으로 가장 소중한 존재였다. 그런데 지금 하나님이 그 아들을 죽여 제물로 바치라고 하신다. 이것은 아브라함이 '오랜 세월 실망하다가 역전하여 희망이 된 것을 다시 무효로 돌리는 일'이었다.[55]

이 명령의 의미는 매우 간단하고 선명하다. '네게 가장 소중한 것이라도 내가 원하면 기꺼이 버릴 수 있느냐?' 하는 말이다. 솔직히 너무하신 것 아닌가? 아브라함은 자신의 수준에서 할 수 있는 것을 다 했다. 고향을 떠나라고 해서 떠났고, 재물을 바치라면 바쳤고, 때를 기다리라고 하시면 기다렸다. 그러나 이번에 하나님이 하신 요구는, 이제

55　윌키, 344.

껏 겪은 수많은 명령을 다 합해도 비교할 수 없을 만큼 엄청났다. 우리가 아무리 신학적인 사족을 붙이고 현실적인 호소를 해도, 하나님의 요구는 딱 하나이다.

"너에게 가장 소중한 것을 버릴 수 있느냐?"

예수님도 똑같이 말씀하셨다.

무릇 내게 오는 자가 자기 부모와 처자와 형제와 자매와 더욱이 자기 목숨까지 미워하지 아니하면 능히 내 제자가 되지 못하고 _눅 14:26

예수 믿는 사람은 가족들을 감정적으로 증오해야 한다는 말씀이 아니다. 목숨을 가볍게 여기라는 말씀도 아니다. 가정도 생명도 하나님이 창조하신 질서인데 그 질서를 파괴하라고 말씀하실 리가 없다. 사람들이 가장 소중히 여기는 가치가 가정과 목숨이다. 그러니까 지금 예수님은, 우리가 가장 소중히 여기는 것을 내려놓지 않으면 제자가 될 수 없다고 말씀하시는 것이다.

어느 날 한 청년이 예수님을 찾아왔다. 아마도 그는 일찍이 사업에서 크게 성공했을 것이다. 뿐만 아니라 그는 어려서부터 거의 모든 율법을 잘 지켰을 것이다. 세상의 기준으로는 손색이 없는, 경제적으로 풍족하고 도덕적으로도 흠이 없는, 대중에게 사랑받고 존경받는 사람이라는 말이다. 게다가 그는 영적인 문제에도 깊은 관심이 있었다. 그래서 영생을 얻기 위해, 그리고 예수님을 따르기 위해 무엇을 해야 하는지를 물었다.

신앙 유전자

예수님은 그의 열심은 인정하셨지만, 그에게 딱 한 가지를 요구하셨다. "네게 있는 것을 다 팔아 가난한 사람들에게 주고 나를 따르라." 그러자 그 청년은 슬픈 기색을 하고 근심하며 돌아갔다(막 10:17-22). 그렇다고 이 청년이 물욕이 많은 속물이라고 생각해서는 안 된다. 그는 충분히 영적인 것을 사모하는 사람이었다. 그래서 예수님의 말씀이 어떤 의미인지를 분명히 알아차렸다. 예수님은 그에게 단 한 가지를 물으셨다.

"너에게 가장 소중한 것을 버릴 수 있느냐?"

예수님이 무엇을 묻는지 알았던 청년은 대답하지 못하고 근심하며 돌아갔다.

이 질문은 지금 우리에게도 똑같이 주어진다. 우리는 그 청년과 다른가? 가장 소중한 것을 망설임 없이 버릴 수 있는가? 자신있게 대답할 사람이 많지 않을 것이다. 우리는 대개 명확한 답변을 회피하고는 하나님께 반문한다.

"아니 하나님, 제가 이 정도면 많이 내려놓은 것 아닙니까? 그리스도인이라고 남들보다 사치하지 않고, 십일조도 꼬박꼬박 하고, 바쁜 가운데 시간을 내서 포도원지기(소그룹 리더)도 하고, 온갖 예배도 다 참석하는데, 내가 유일한 낙이라고 생각한 이것을 내려놓으라니 너무하시는 것 아닙니까?"

그러나 하나님은 바로 그것을 내려놓으라고 하신다. 그것이 아무리 고상해 보이고, 가치 있고, 정당성을 갖는 것이라고 해도, 하나님은 바로 그것을 내려놓으라 하신다. 우리가 주를 위해, 주를 제대로 섬기기 위해 가장 소중히 여기는 것을 내려놓을 수 있느냐고 물어보시는 것이다.

《습관이 영성이다》라는 책이 있다.[56] 본래 제목은《You Are What You Love》로, 당신이 사랑하는 것이 당신의 정체성이라는 말이다. 이 책에서 저자는 'What do you want?'라고 질문을 던진다. 당신은 무엇을 원하는가? 이 질문은 2천 년 전에 예수님께서 예수님이 어떤 분인지 '간' 보러 온 요한과 안드레에게 이미 하신 질문이다.

"What do you want?(무엇을 구하느냐?)"(요 1:38)

이 질문은 제자도의 처음 질문이자 마지막 질문이요, 가장 근본적인 질문이다. 왜냐하면 우리가 원하는 것, 우리가 사랑하는 것이 바로 우리의 정체성이기 때문이다. 우리의 바람과 갈망과 욕망이 우리 정체성의 핵심이며, 우리의 가치판단의 잣대가 된다. 그래서 바울은 다음과 같이 고백했다.

> [7]그러나 무엇이든지 내게 유익하던 것을 내가 그리스도를 위하여 다 해로 여길 뿐더러 [8]또한 모든 것을 해로 여김은 내 주 그리스도 예수를 아는 지식이 가장 고상하기 때문이라 내가 그를 위하여 모든 것을 잃어버리고 배설물로 여김은 그리스도를 얻고 [9]그 안에서 발견되려 함이니… _빌 3:7-9

부모에게 자식이란 말로 설명할 수 없이 소중한 대상이자 목적이

---

56 제임스 K. A. 스미스, 박세혁 역, 《습관이 영성이다》(비아토르 2018).

되기도 한다. 그러다보니 종종 하나님보다 자식이 우선인 순간들이 있다. 솔직히 말하자면, 살면서 매 순간을 하나님만 생각한다는 것은 어쩌면 불가능할지 모른다. 인간은 그런 존재이다. 그런데 아브라함은 자기 목숨보다 소중한 이삭까지도 하나님이 요구하실 때 내려놓았다.

우리가 정말로 원하는 것이 무엇인가? 그것이 바로 우리의 정체성이고 가치이다. 오늘도 하나님은 그것을 내려놓을 수 있느냐고 우리에게 묻고 계신다.

절대적으로 순종하라

다 버리라는 하나님의 시험에 아브라함은 즉각적으로 순종했다. 변명 한마디, 반문 한마디도 하지 않고 즉시 순종의 행동을 취했다.[57] 말씀을 가만히 묵상해보면, 아브라함의 태도는 '드디어 올 것이 왔구나'라는 반응 같다. 아브라함은 이 명령의 의미를 분명히 알고 있었다.

그렇다고 아브라함이 무덤덤하게 순종했다는 말은 아니다. 하나님이 아브라함에게 아들을 바치라고 했을 때, 성경이 아브라함의 내면을 기록하고 있지 않지만, 사흘 길을 가면서 '아빠, 제물은 어디에 있어요?'라는 질문에 찢어졌을 그 마음을 우리는 공감할 수 있다.

렘브란트의 작품 중에 이삭을 제물로 바치는 아브라함을 묘사한

---

57 비교, 창 17:18.

〈이삭의 희생〉(Sacrifice of Isaac)이라는 그림이 있다.[58] 이 작품 역시 그의 다른 작품처럼 배경은 어둡다. 중심에 아브라함이 있고, 빛이 제물인 이삭을 비추고 있다. 그런데 그림을 자세히 보면 아브라함이 울고 있다. 아들을 바치는 아버지의 마음이 생생하게 표현되었다. 동시에 그의 왼손은 이삭의 머리를 단호하게 누르고 있는데, 이는 그의 순종이 단순한 '쇼'가 아님을 보여준다. 아브라함의 오른손에는 칼이 들려 있고, 천사가 그 손을 잡고 있다. 하나님도 놀라서 아브라함을 황급히 말리시는 긴박함을 보여준다. 아브라함은 가장 소중한 것을 포기하라는 하나님의 명령에 순종하는 길을 선택했다.

믿음은 순종으로 증명된다. 순종이 믿음의 증거가 되는 것이다. 야고보는 "…나는 행함으로 내 믿음을 네게 보이리라"(약 2:17-18)고 했다. 여기서 '행함'을 종교적 의무를 행하는 것으로 오해하면 안 된다. 야고보는 지금 그런 행위로 의롭게 된다고 말하려는 것이 아니다. 여기서 말하는 행함은 결국 순종이다. 순종으로 내 믿음이 증명된다.

가장 소중한 것을 내려놓으라는 하나님의 명령에 우리가 할 반응은 즉각적인 순종뿐이다. 이 명령에 순종하지 않는다면 우리는 그리스도의 제자가 될 수 없다. 그저 예수님의 팬(fan)일 뿐이다.

아브라함이 기꺼이 순종했다고 해서 기쁨으로 순종했다고는 할 수 없다. 그도 정말 순종하기 싫었을 것이다. 그러나 그는 순종하겠다고

---

58 [그림 6] 렘브란트, 이삭의 희생(일명 : 이삭을 바치는 아브라함). 1635년에 그린 것은 상트페테르부르크 에르미타슈 미술관에, 이듬해 그린 것(렘브란트에 의해 그려진 공식 복사판)은 뮌헨 알테 피나코테크에 소장되어 있다. 그림 출처: https://commons.wikimedia.org/w/index.php?curid=7540982

[그림 6] 렘브란트, 이삭의 희생

결단했다. 예수님도 겟세마네 동산에서 그러셨다. 예수님이 즐겁게 십자가의 길을 가셨다고 생각한다면, 그것은 오해이다. 예수님도 십 자가의 고난을 되도록이면 피하고 싶으셨다. 그러나 죽기까지 복종 하는 쪽을 의지적으로 선택하신 것이다.

오늘날 우리가 순종하며 주와 같이 길을 가는 것 역시 항상 즐겁지 만은 않다. 그러나 순종은 즐거워서가 아니라 우리가 하나님이 신실 하시다고 믿기 때문에 하는 것이다. 그것이 순종의 유일한 동기이다.

그런데 아브라함의 순종 옆에는 또 하나의 순종이 있었다. 바로 아 들 이삭의 순종이었다. 이때 당시 이삭의 나이는 성경에 나와 있지 않 다. 5절에 나온 '아이'는 결혼하지 않는 모든 연령대를 포괄하는 말이 다. 어떤 사람은 이삭이 십대였을 거라고 주장하고, 유대인들은 대체로 30대였다고 말한다.[59] 그는 100세가 넘은 아버지 대신 장작을 지고 산에 올랐다. 그러므로 적어도 사리 판단을 할 줄 알고, 필요하다면 얼마든지 힘도 쓸 수 있는 나이였을 것이다.

그러나 제단에 결박되어 오르기까지 이삭이 반항을 했다거나 심지어 항변한 흔적은 없다. 오히려 성경은 "두 사람이 동행하더니"(창 22:6), "두 사람이 함께 나아가서"(창 22:8)라고 강조함으로, 이 순종은 아브라함 혼자의 순종이 아니라 이삭과 함께 한 순종이라고 말한다. 요세푸스 같은 유대 역사가는 다음과 같이 설명하고 있다.

이삭은 그처럼 훌륭한 아버지의 자식이었기 때문에 그 숭고함에서 뒤쳐지지 않았고, 이 말을 기쁨으로 받아들였다. 그는 하나님과 아버지의 결정을 수행하기 위해서가 아니었다면 처음부터 태어날 자격조차 없었을 것이라고 말하고는 자신을 그 뜻에 굴복시켰다.[60]

이삭이 조금이라도 반항하려고 했다면 아브라함은 온전히 순종할 수 없었을 것이다. 이삭의 순종이 있었기에 아브라함 역시 온전한 순종이 가능했다. 모리아 산의 사건은 아브라함의 순종과 이삭의 순종이 만든 아름다운 합작품(collaboration)이었다. 그리고 바로 그 순종

---

59 사라가 죽은 나이에서 이삭을 낳은 나이를 뺀 것으로 보인다. 이삭을 바친 해에 사라가 죽은 것으로 생각한 것 같다.
60 요세푸스, 김지찬 역, 《유대고대사》1권 13장 4절(생명의 말씀사 1987) 83.

이 여호와 이레 하나님을 경험하게 하였다.

순종은 함께할 때에 강력해진다. 특별히 믿음을 주고받으면서 가정이, 세대가 함께 순종할 때에 그 순종은 더욱 더 강력해져서, 결국에는 여호와 이레 하나님을 경험하게 한다. 우리가 누구인가는 우리가 무엇을 행했는가로 증명된다.[61]

나는 그리고 우리 가정은 순종할 준비가 얼마나 되어 있는가? 가장 소중한 것을 버리라는 주님의 음성에 기꺼이 순종할 수 있을까?

●━●

순종으로 하나님을 영화롭게 하라

아브라함은 몰랐지만, 하나님의 목표는 이삭을 제물로 죽이는 것이 아니었다. 이것은 시험이었다. 아브라함이 시험을 통과한 후 하나님께서 이 시험의 의미를 친히 말씀해 주셨다.

> …네가 네 아들 네 독자까지도 내게 아끼지 아니하였으니 내가 이제야 네가 하나님을 경외하는 줄을 아노라 _창 22:12

하나님은 아브라함이 정말 하나님만을 경외하는지 알고자 그를 시험하신 것이다. 물론 하나님께서 아브라함의 믿음을 몰라서 테스트하신 것은 아니다. 전지전능한 하나님이 아브라함의 신실함을 모르셨을 리 없다. 여기서 '아노라'라는 말은 '알게 한다'라고도 번역할 수

---

61 윌키, 550.

있다.[62] 즉 하나님은 아브라함이 진짜 하나님만 경외했다는 것을 아브라함 자신에게, 그리고 오고 가는 세대에 '알게 하려고' 시험하신 것이다.

하나님의 사람이 가장 소중한 것을 버리라는 명령에 기꺼이 순종할 때에 하나님은 그것을 믿음의 증거로 삼으신다.[63]

아브라함이 기꺼이 순종했을 때에 하나님이 천사들에게 "봤지!" 하시는 상상을 해본다. "봤지? 이게 바로 믿음이야!" 오고 가는 모든 세대 앞에서 이렇게 흐뭇해하시는 하나님을 상상해본다.

하나님이 이 일로 얼마나 뿌듯하셨던지, 하나님은 스스로를 가리켜 맹세하면서 아브라함을 축복하셨다. 아마도 성경에서 하나님이 자신을 걸고 맹세하신 유일한 일일 것이다. 아브라함의 순종만으로도 충분한 증거가 되는데, 여기에 하나님 스스로를 걸고 하는 맹세가 더해져, 정말 확실한, 견고한, 흔들리지 않는, 신실한 약속이 되었다.[64]

이 견고한 약속 중 우리의 눈길을 끄는 것은 다음의 부분이다.

[16]이르시되 여호와께서 이르시기를 내가 나를 가리켜 맹세하노니 네

---

62 여기서 '안다'라는 말은 '알게 한다'라는 말로도 읽을 수 있다. 비교, 신명기 8장 3절 "너를 낮추시며 너를 주리게 하시며 또 너도 알지 못하며 네 조상들도 알지 못하던 만나를 네게 먹이신 것은 사람이 떡으로만 사는 것이 아니요 여호와의 입에서 나오는 모든 말씀으로 사는 줄을 네가 알게 하려 하심이니라." 비교, 희년서 18장 16절 "And in thy seed shall all nations of the earth be blessed: Because thou hast obeyed My voice, And I have shown to all that thou art faithful unto Me in all that I have said unto thee: Go in peace."

63 비교, 히 11:2.

64 "하나님이 아브라함에게 약속하실 때에 가리켜 맹세할 자가 자기보다 더 큰 이가 없으므로 자기를 가리켜 맹세하여 이르시되 내가 반드시 너에게 복 주고 복 주며 너를 번성하게 하고 번성하게 하리라 하셨더니"(히 6:13,14), "하나님은 약속을 기업으로 받는 자들에게 그 뜻이 변하지 아니함을 충분히 나타내시려고 그 일을 맹세로 보증하셨나니"(히 6:17).

가 이같이 행하여 네 아들 네 독자도 아끼지 아니하였은즉 ¹⁷내가 네게 큰 복을 주고… ¹⁸또 네 씨로 말미암아 천하 만민이 복을 받으리니 이는 네가 나의 말을 준행하였음이니라 하셨다 하니라 _창 22:16-18

아브라함이 순종한 결과 본인도 복을 받지만, 이삭이 복 받고, 자손들이 복 받고, 여기에 그치지 않고 궁극적으로 천하 만민이 아브라함과 그 자손을 통해 복을 받을 것이라고 하나님이 자신의 이름을 걸고 맹세하셨다. (우리는 지금 다 아브라함 덕에 먹고 사는 줄 알아야 한다.)

물론 이 약속은 아브라함과 그 후손들에게 지속적으로 해오신 언약(covenant)이다. 이 축복을 문자 그대로 오늘날 우리에게 적용할 수는 없지만, 전적이고 즉각적인 순종은 여전히 많은 사람들과 역사 앞에서 하나님의 자부심(증거)이 된다. 또한 하나님은 가장 소중한 것을 버리라는 명령에 주저 없이 순종하는 사람을 반드시 축복하신다. 하나님보다 더 사랑하는 것, 그것이 나의 삶을 지탱해주는 물질이거나 자존심이거나 심지어 가족일지라도, 그것들을 과감히 내려놓는 믿음을 가진 사람들을 하나님은 반드시 축복하신다는 사실은 절대로 변함이 없다.

여호와 이레의 교훈
 - 너의 가장 소중한 것을 버리라
 - 즉각적으로 순종하라
 - 순종으로 하나님을 영화롭게 하라

하나님은 잔인한 하나님인가? 심술궂은 분인가? 믿음을 테스트하기 위해서 아들을 바치라는 것이 과연 하나님의 본성(본심)에서 나왔을까? 그렇지 않다. 그로부터 2천 년 후 아브라함이 이삭을 바친 그곳 어딘가에서 하나님은 자신의 아들을 온 인류를 위한 희생 제물로 바치셨다.

> 자기 아들을 아끼지 아니하시고 우리 모든 사람을 위하여 내주신 이가 어찌 그 아들과 함께 모든 것을 우리에게 주시지 아니하겠느냐
> _롬 8:32

우리가 버리지 못하는 것은 믿지 못하기 때문이다. 우리가 순종하지 않는 것은 우리에게 모든 것을 주신다는 약속을 신뢰하지 못하기 때문이다. 그러나 자기 아들을 기꺼이 내어주신 분이, 우리가 정말 그분만 믿고 사랑하고 순종할 때 우리에게 모든 것을 주시지 않겠는가?

하나님이 인간의 목숨을 제물로 바치라고 요구하신 적은 없다. 앞으로도 절대 일어나지 않을 것이다. 그러나 여전히 하나님은 우리에게 묻고 계신다. 네 가장 소중한 것을, 아들이라도 버릴 수 있느냐고. 나는 준비되었는데, 너희도 준비되었느냐고.

신앙 유전자 적용 포인트

1. 하나님이 당신에게 무리한 요구를 한다고 생각한 적이 있습니까? 그것이 정말 무리한 요구인지, 내가 '이만큼까지'라고 정한 한계를 넘어서기 때문에 그렇게 느끼는 건지 생각해봅시다.

---

2. 하나님이 당신에게 "What do you want?"라고 물으신다면, 딱 하나만 대답해야 한다면, 무엇이라고 답하겠습니까?

---

3. 우리는 순종을 통해 하나님을 얼마나 영화롭게 하고 있습니까? 당신의 순종의 모습은 자녀의 순종의 모습에 어떻게 영향을 미치고 있습니까?

---

4. 당신은 자녀 앞에 모범을 보이는 삶을 살고 있습니까? 하루 동안에 혹은 일주일 동안에 하나님의 자녀로서 살아간 시간과 세상 사람으로서 살아간 시간을 계산해봅시다. 자녀 앞에 그 시간을 기꺼이 드러낼 수 있습니까?

9

진정으로 나그네 인생을 살아가자

창세기 23장

성경에서 말하는 나그네 인생과
세상에서 말하는 나그네 인생은 다르다.

사람들은 인생을 나그네 길이라고 표현한다. 나그네란 사전적으로
'자기 고향을 떠나 다른 곳에 잠시 머물거나 떠도는 사람'이다. 인생
도 그렇다는 것을 비유적으로 그렇게 표현한 것이다. 성경에서도 하
나님의 백성들을 나그네 혹은 거류민이라고 표현했다. 다윗 같은 위
대한 왕도 자신을 객이요 거류자라고 고백했고(개역성경 시 39:12, 개
역개정판은 '나그네요 떠도는 자'), 베드로 역시 그리스도인들은 거류민
과 나그네라고 했다(벧전 2:11). 아브라함도 동일한 고백을 했다. 세상
사람들이나 우리나 인생이 나그네 길이라는 사실에는 모두 동의하는

것 같다.

창세기 23장은 극강의 미모를 자랑하고 가정 안팎에서 영향력을 발휘하던 사라의 죽음을 기록하고 있다. 세상에 영원한 것은 없다. 풀은 마르고 꽃은 시들게 마련이다. 사라는 127세에 하나님의 부르심을 받았다. 아브라함은 당시의 장례 문화를 따라서 곡을 하던 중 사라를 매장하려고 기럇아르바, 마므레라고도 불리는 헤브론의 한 동굴과 주변의 땅을 헷(히타이트) 족속에게서 사고자 했다. 헷 족속은 그냥 쓰라고 했지만, 아브라함은 비싼 값으로 땅을 구입하겠다는 의사를 보였다. 나중에 땅을 가지고 벌어질 분쟁의 여지를 없애려 한 것으로 보인다. 창세기 23장은 아브라함이 가나안 땅을 합법적으로 소유하게 된 이야기를 기록하고 있다. 여기에서 집중적으로 살펴볼 구절은 4절이다.

나는 당신들 중에 나그네요 거류하는 자이니 당신들 중에서 내게 매장할 소유지를 주어 내가 나의 죽은 자를 내 앞에서 내어다가 장사하게 하시오 _창 23:4

아브라함은 자신을 나그네요 거류자로 묘사하고 있다. 그러면서도, 비록 아내를 매장하기 위해서지만, 가나안 땅을 사려고 한다. 아브라함의 이러한 고백은, 가요에서 말하는 '인생은 나그네 길'과는 의미가 전혀 다르다. 아브라함이 말하는 나그네 인생은 어디에서 왔다가 어디로 가는지 모르는 나그네 인생이 아니다. 아브라함이 말한 나그네 인생이란 어떤 것일까? 세상에서 말하는 나그네 인생과 아브라함의 나그네 인생은 어떻게 다를까?

<hr />

천국을 바라는 인생

가장 먼저, 아브라함의 나그네 인생은 천국을 바라는 인생이었다. 아브라함은 자신을 나그네이자 거류하는 자로 묘사하고 있다(4절). 그런데 6절을 보니 헷 사람들은 아브라함을 우리 가운데 있는 사람, 즉 우리들 중 하나라면서 아브라함을 가나안 사람으로 인정하고 있었다. 롯과는 정반대의 경우이다. 롯은 소돔에 살면서 자신을 소돔 사람들 중 하나라고 정의했지만 소돔 사람들은 그를 이방인 취급했다. 반면에 가나안 사람들은 아브라함을 자신들 중 하나로 인정했다. 하지만 아브라함은 나그네로서의 정체성을 뚜렷하게 가지고 있었다. 히브리서는 아브라함의 이런 모습을 다음과 같이 묘사하고 있다.

> 믿음으로 그가 이방의 땅에 있는 것같이 약속의 땅에 거류하여 동일한 약속을 유업으로 함께 받은 이삭 및 야곱과 더불어 장막에 거하였으니 _히 11:9

이 말씀에 따르면, 아브라함은 약속의 땅 가나안에 가서도 집을 짓지 않고 나그네처럼 장막(텐트)을 치고 살았다고 했다. 왜 그랬을까? 단순히 그가 유목 민족이어서가 아니었다. 유목민들도 지역에 성을 쌓고 정착했다. 그러면 왜 그는 집이든 성이든 건물을 짓지 않고 장막에서 살았을까? 바로 그 다음 절에 답이 나온다.

이는 그가 하나님이 계획하시고 지으실 터가 있는 성을 바랐음이라
_히 11:10

아브라함은 가나안 땅도 자신이 영원히 정착할 땅이 아님을 알았다. 그는 궁극의 장소, 하나님이 계획하시고 지으실 터, 천국이 있음을 믿음의 눈으로 바라본 것이다.

이것은 놀라운 고백이다. 희미한, 그림자 같은, 실낱같은 계시만 있던 그 시절에 아브라함은 이 땅이 영원한 정착지가 아님을 알았다. 그리고 하나님이 계획하고 지으실 터인 천국을 바라보았다. 이 땅은 잠시 머물다 가는 경유지요 궁극의 정착지는 따로 있다는 것을 아브라함은 이미 알았던 것이다. 그래서 그는 언제든 하나님이 가라 하시면 갈 준비를 하며 장막에 거하였다. 이것이 히브리서가 핵심적으로 요약한 아브라함의 삶이다.

그렇다고 해서 이 말씀을 오늘날도 집을 사지 말라는 것으로 받아들이는 것은 지나친 비약이다. 그런 말이 아니다. 우리가 나그네라는 정체성을 끊임없이 인식하며 살고 있느냐는 것이다. 그리고 언젠가 가야 할 본향, 천국을 바라보며 살고 있느냐는 것이다.

합참의장으로 임명된 사람이 군 생활 42년 동안 45번 이사한 이야기가 회자된 적이 있다. 이사를 자주 하면 생기는 버릇이 있다. 바로

버리는 것이다. 되도록이면 짐을 줄이고, 다음번 이사 가서도 쓸 것만 챙기게 된다. 천국을 향한 삶이란 이런 것이 아닌가 싶다. 이 땅에서만 통용되는 가치는 버리고 천국에서도 쓸데 있는 가치를 추구하는 것이 천국을 향한 삶이다.

성경은 우리가 사는 이 인생이 종착지가 아니며, 그저 머물다 떠나야 하는 경유지라고 말한다. 우리 모두의 인생은 결국 영원한 종착지로 가게 마련이다. C. S. 루이스의 표현을 빌리자면 "우리는 지금 예루살렘으로 가고 있는 것"이다.[65] 그러므로 우리가 산다는 것은 사실 천국을 향해서 가고 있다는 말과 같고, 하루를 살았다는 것은 하루만큼 천국에 가까워졌음을 의미한다.

이렇게 생각할 때에 비로소 우리는 매일의 삶 가운데 정말 중요한 것이 무엇인지 분별할 수 있지 않을까? 우리의 하루하루를 천국에서 중요한 것을 추구하며 살아야 하지 않을까? '나그네'라고 한 아브라함의 고백에서 우리는 천국을 바라보는 인생 살기를 다짐해야 한다. 그것이 성경에서 말하는 나그네 인생이다.

나그네 인생을 사는 아브라함은 부와 명예도 얻었지만, 결코 그것을 우선하지 않았고, 하나님이 원하시는 분량 이상으로 가치를 부여하지도 않았다. 우리 역시 그런 삶을 그렇게 살려고 노력해야 한다. 아마 많은 그리스도인이 천국을 추구하려고 애쓸 것이다. 그런데 안타깝게도 자녀 역시 나그네 인생으로 살아야 하는 그리스도인임을 간과한다.

---

65   C. S. 루이스, 《예기치 않은 기쁨》(CH북스, 2001), 340.

장로님 손자인데, 안수집사님 자녀인데, 시험 기간이면 학원 가야 한다고 예배를 안 나온다는 호소를 교회학교 선생님들에게서 종종 듣는다. 은연중에 자녀가 이 세상에서 나그네로 살기보다, 아니, 나그네로 살더라도 이왕이면 다홍치마라고 성공하기를 바라는 데서 나온 행동이다. 부모라면 자녀가 큰 고생 없이 평탄하게 잘 살기를 바라는 것은 당연하다. 그러나 하나님의 약속보다 인간적 방법을 우선하여 태어난 이스마엘이 어떤 결과를 가져왔는지 우리는 이미 살펴보았다.

자녀의 삶을 우리가 계획하고 만들어줄 필요는 없다. 자녀 역시 하나님과의 관계에서 자신만의 삶을 살아갈 존재이다. 그들에게 정말 필요한 것은 안락한 성이 아니라 언제든 떠날 수 있는 천막이며, 그 천막을 마련해주는 것이 믿는 부모로서의 의무일 것이다.

●—●

천국을 사는 인생

둘째로, 아브라함의 인생은 천국을 사는 삶이었다. 우리가 천국을 바라보는 삶을 산다고 해서 그것이 이 땅에서의 삶이 쓸데가 없다거나, 천국만 바라보는 신앙을 가져야 한다는 말은 아니다. 성경은 현실을 도피하거나 부정하는 삶이 나그네 인생이라고 말하지 않는다. 오히려 아브라함은 이 땅의 삶에 충실하고 성실했다. 아브라함이 땅을 산 이야기에서 이 사실을 알 수 있다.

아브라함은 돈을 주고 가나안 땅을 샀다(창 23:16). 그가 자신의 삶이 천국만 향해 가는 나그네 인생이라고 생각했다면, 돈을 주고 땅을 사는 행동에는 모순이 있다. 게다가 그는 400세겔이라는 큰 돈을 땅값으로 치렀다. 400세겔 하면 감이 안 오는데, 당시 1년 수입이 은 5~10세겔인 것을 감안하여 오늘날 물가대로 계산하면 대충 40~80억 정도이다. 얼핏 보면 아브라함이 미친 것 같다. 바가지도 이런 바가지가 없다. 천국을 바라보고 사는 사람치고는, 아브라함은 이 땅에 너무 큰 관심이 있는 것 같다.

그러나 아브라함이 돈을 주고 가나안 땅을 산 본문의 기록은 실은 매우 중요하다. 본문은 아브라함이 많은 돈으로 땅에 투자했다는 말이 아니다. 본 사건은 하나님의 언약이라는 면에서 중요하다. 하나님이 가나안 땅에 대한 약속을 주셨고, 아브라함이 가나안 땅을 구입함으로 그 약속이 합법적으로 이루어지는 순간이었다. 그래서 아브라함은 바가지인 줄 알면서도 그 땅을 산 것이다.

참고로, 아브라함은 앞서 아비멜렉을 통해 얻은 우물과 가나안 남쪽 땅, 지금 아브라함이 산 헤브론 땅, 그리고 나중에 브엘세바의 땅과 세겜까지 합법적으로 소유하게 된다. 훗날 출애굽한 이스라엘이 가나안 땅을 차지하는 것은 원주민들을 몰아내고 마냥 빼앗은 것이 아니라, 실은 조상들이 합법적으로 구입한 땅을 되찾은 것이라고 해도 크게 틀리지 않다.

이상의 말씀을 통해 알 수 있는 것은, 그냥 선언한다고 해서 약속의 땅이 내 땅이 되지 않는다는 것이다. 가서 땅 밟기를 하고 선포한다고 하나님의 땅이 되는 것이 아니라는 말이다. 아브라함이 땅을 구입하는 구체적인 행동을 함으로 땅에 대한 하나님의 약속이 이루어졌다.

약속의 성취는 저절로, 거저 먹는 것이 아니라, 이같은 구체적인 행동을 통해 이루어진다.

아브라함은 천국을 바라보고 사는 삶이라고 해서 '이 땅에서' 하나님의 약속대로 산다거나 하나님의 뜻을 이루어가는 일을 제쳐두지 않았다. 이 땅에서도 하나님의 언약이 이루어지고 하나님의 뜻이 이루어지도록 살아갔다. 즉, 아브라함의 인생은 천국을 바라보는 인생이었을 뿐만 아니라 천국을 살아간 인생이었다.

이것이 기독교 세계관의 핵심이다. 죄 많은 이 세상 대충 살다가 빨리 천국 가는 것, 이것은 기독교 신앙이 추구하는 가치가 아니다. 이런 생각을 이원론이라고 한다. 세상은 다 헛되고 천국만이 내 집이라는 생각은 염세적 이원론이다. 반대로, 나중에 갈 천국보다 이 땅에서 누리는 것, 이 땅의 복에만 관심 있는 것은 유물론적 구복신앙이다. 이 땅에서 하나님의 뜻을 이루기 위해 열심히 살되, 이 땅이 전부가 아니라 천국의 삶이 기다리고 있다는 소망 가운데 사는 것, 그래서 천국을 이 세상의 삶으로 시연하고 구현하고 실천하는 것, 이것이 바로 기독교 세계관의 핵심이다.

이처럼 천국에 대한 소망은 절대로 이 땅에서의 삶을 무가치하게 만들지 않는다. 천국이 기다리고 있지만, 이 땅에서 사는 동안 우리의 모든 행동은 하나님의 뜻을 이루는 것이어야 한다. 이 땅에서 우리가 하는 믿음의 선한 싸움, 경건의 훈련, 헌신, 섬김 등 이 모두가 주의 뜻이 하늘에서 이루어진 것처럼 이 땅에서도 이루어지게 하는 중요한 도구이다.

이런 의미에서 아브라함의 인생은 천국을 바라보는 인생이었을 뿐만 아니라 이미 천국을 살아간 인생이었다. 오늘날 우리도 매일 반복되는 일상이 천국을 바라볼 뿐 아니라 이 땅에서 천국을 이루어가는, 천국을 살아가는 인생이어야 한다. 그것이 성경에서 말하는 나그네 인생이다.

이 땅에서 안락하게, 부와 명예를 가지고 살아가는 것은, 솔직히 말하면 큰 행운이고 행복이다. 그것을 부정하려는 것이 아니다. 그러나 그 성공이 목적이 되어서는 안 된다는 것이다. 부와 명예, 안락이 어디에서 왔으며, 무엇을 위해 그것을 소유하게 되었는지를 먼저 알아야 한다. 아브라함이 부를 축적하고 명예를 얻었기 때문에, 큰 반대나 어려움 없이 가나안 땅을 합법적으로, 기꺼이 비싼 가격을 치르고 살 수 있었다. 그가 부자가 된 데에는 그만한 이유가 있었다는 말이다.

다시 믿음의 유산 이야기를 해보자. 주일에 학원에 가느라 예배를 빠진 자녀들을 다시 예로 들면, 좋은 성적을 얻기 위해서 예배를 포기하고 얻은 성과가 과연 가치 있는 일일까? 좀더 노골적으로 이야기해보자. 주일에 예배 시간이라야 한 시간 남짓이다. 그 시간과 맞바꾼 공부가 얼마만큼의 성취를 얻었는지는 모르지만, 대개는 약간의 불안감을 덜 뿐이다. 그 작은 안도감을 예배와 맞바꾼 것이다.

이 땅에서 천국을 산다는 것은 곧 천국을, 하나님을 우선순위에 두는 삶을 사는 것이다. 단지 예배 시간 한 시간의 문제가 아니라는 말이다. 4차산업혁명 시대는 내일을 가늠할 수 없는 시대이다. 어느 것 하나 확실한 것이 없다. 그러다보니 자녀들의 불안과 그 자녀를 바라보는 부모의 불안이 이전과는 비교할 수 없다. 그러나 영원불변하는 존재가 우리 곁에 계신다. 그분이 우리에게 천국의 삶을 살기를 바라신다. 우리가 어떤 삶을 살아야 하며 자녀에게 어떤 삶을 살도록 가르쳐야 하는지는 너무나 명확하다. 천국의 삶을 살면 된다. 세상에서의 불안함이 믿음을 잠식하게 내버려둬서는 안 된다.

●—●

천국을 보여주는 인생

마지막으로, 아브라함의 인생은 천국을 보여주는 인생, 곧 천국을 증거하는 삶이었다. 6절에서 헷 족속은 아브라함을 '우리 가운데 있는 하나님이 세우신 지도자'라고 했다. 그들이 어떻게 하나님을 알게 되었는지는 모른다. 그러나 분명한 것은, 아브라함이 천국을 바라보고 천국을 구현하며 살아가는 모습을 보고 사람들이 하나님을 인정하게 되었다는 것이다.

창세기 21장에서, 조약을 맺고자 온 아비멜렉이 아브라함에게 "네가 무슨 일을 하든지 하나님이 너와 함께 계시도다"라고 고백한 것을 볼 수 있다. 아비멜렉과 헷 족속은 하나님의 백성이 아니었다. 그런데도 아브라함 뒤에 하나님이 계심을 본 것이다. 나중에 아브라함의 아들 이삭도 그의 인생을 통해 하나님을 증거하였다.

그들이 이르되 여호와께서 너와 함께 계심을 우리가 분명히 보았으므로 우리의 사이 곧 우리와 너 사이에 맹세하여 너와 계약을 맺으리라

말하였노라 _창 26:28

아브라함의 손자 야곱의 삶을 통해서도 하나님이 증거되었다.

라반이 그에게 이르되 여호와께서 너로 말미암아 내게 복 주신 줄을
내가 깨달았노니… _창 30:27

**또한 아브라함의 증손자 요셉을 통해서도 똑같이 하나님이 증거되
었다.**

그의 주인이 여호와께서 그와 함께 하심을 보며 또 여호와께서 그의
범사에 형통하게 하심을 보았더라 _창 39:3

이같이 아브라함과 이삭과 야곱과 요셉은, 그들이 말을 하지 않아
도 그 삶을 통해 하나님이 증거되었다. 그 신앙이 이어졌다는 말이다.
　하나님의 사람들이 하나님께서 자신과 함께하심을 세상에 드러내
는 방법은 크게 두 가지이다. 먼저는, 내가 하나님의 백성임을 드러내
고 내가 하는 일들로 하나님께 영광을 돌리는 방법이다. 연예인이나
운동선수들이 이런 식으로 하나님을 드러낸다. 그런데 이렇게 하나
님의 이름을 드러낼 경우 위험 부담이 있다. 혹 실수하거나 실패하면
하나님이 욕을 먹을 수 있다는 것이다. 실제로 하나님의 이름을 걸고
하다가, 실패하거나 스캔들이 나서 도리어 하나님의 영광을 가리는

신앙 유전자

경우도 많이 보았을 것이다. 반대로 내가 하나님의 백성임을 알리지는 않았지만, 내가 하는 일, 나의 성실함과 열정을 통해, 그 모든 것이 하나님이 하신 일이었음을 알게 하는 방법도 있다.

두 가지 방법 중에 어느 것이 위험부담이 적은지를 말하고자 함이 아니다. 선후가 어떠하든지 우리 삶으로 하나님의 이름을 증거하기도 하고 반대로 하나님의 영광을 가리기도 한다는 것이다. 아브라함의 인생을 통해 하나님이 증거되고 하나님의 이름이 높아졌다. 오늘날 우리도 아브라함처럼 세상에 하나님을 증거하는 삶을 살아야 한다.

한 가정의 장례를 도와드린 적이 있었다. 그 가정은 경상도 안동 지방에서 전통적인 유지 가문으로, 문중 사람 대부분은 유교적 전통을 따르고 있었다. 아버지를 일찍 여의었지만 형제들이 다 사회에서 성공하여 명망이 있었고 형제간에 우애도 좋았다. 그들 중에서 어머니와 막내만 예수님을 믿었다. 그러다가 어머니가 돌아가셨는데, 어머니가 유언을 남겨 장례가 기독교식으로 진행되었다. 형제들은 이것이 못마땅했지만 모두 효심이 강해서 기독교식 장례 절차를 따랐다. 나는 3일을 거기에 있으면서 예배를 드렸고, 그때마다 복음을 전했다. 분위기는 좀 험악했지만, 찬송을 부르고 천국의 소망을 선포하고 장례를 마쳤다.

그러고는 그 일을 잊어버렸는데, 1년 후에 그 가족에게서 연락이 왔다. 추도예배를 드려 달라는 것이다. 추도예배를 드리러 가보니 문중의 대부분이 교회에 다니고 있었다. 모인 사람은 어른 아이 합해 수십 명이었다. 1년 사이에 놀라운 변화가 생긴 것이다. 어떻게 된 일인지 물어보니, 장례를 치르는 동안 집사였던 막내가 어머니의 죽음을 슬퍼하면서도 동시에 천국에서 다시 만날 소망 가운데 예배드리는 것을 보고 감동을 받았다고 했다. 그 누구도 교회에 다니라는 말은 하지 않았지만 소망 가운데 있는 막내의 모습이 그들에게는 충격으로 다가간 것이다. 그래서 전통과 유교의 예를 추구하던 사람들이 하나님과 천국에 관심을 가졌고, 이후에 교회를 다니게 되었다고 했다.

이런 일이 항상 일어나지는 않는다. 하지만 우리 삶의 한 조각 한 조각이 천국을 향해 있으며, 이 땅에서 살지만 천국에서 사는 것 같다면, 우리의 삶은 반드시 천국을 보여주게 마련이다.

우리가 사람들에게 천국을 직접 보여줄 수 없다. 하나님을 직접 보여줄 수도 없다. 그러나 우리 삶으로 하나님과 천국을 증거할 수는 있다. 세상 사람들은 그것을 본다. 이같이 우리의 삶은 천국을 보여주는 삶, 하나님을 증거하는 삶이 되어야 한다. 그것이 성경에서 말하는 진정한 나그네 인생이다.

나그네 인생의 삶
- 천국을 소망하는 삶
- 천국을 살아가는 삶
- 천국을 증거하는 삶

성경에서 말하는 나그네 인생은 세상에서 말하듯 어디서 왔다가 어디로 가는지 모르는, 무책임하고 무의미한 인생이 아니다. 돌아갈 본

신앙 유전자

향이 있고 삶의 목적과 의미가 분명한 인생을 말한다.

하나님께서 우리에게 요구하시는 삶은 서둘러 이 세상을 떠나 천국에 가는 것이 결코 아니다. 그렇다고 이 세상에서 영원히 살 것처럼 미련을 갖고 사는 삶도 아니다. 천국을 소망하고 이 땅의 가치보다 천국의 가치를 구하며 살되, 이 땅에서도 천국에서 사는 것처럼 살아가는 삶을 요구하시며, 그런 삶을 하나님은 기뻐하신다. 그럴 때 우리의 삶은 세상 사람들에게 천국을 증거할 수 있을 것이다.

우리는 이러한 나그네 삶을 사는 진정한 하나님의 백성이 되어야 한다. 천국을 향하되 천국에서 사는 것처럼 살 때 하나님께서 그 삶을 기뻐하시며 세상에 증거로 드러내신다. 또한 부모로서 우리가 나그네 삶을 살아 자녀들이 그 삶을 따르도록 해야 한다. 아브라함이, 그 아들 이삭이, 그 아들 야곱이, 그리고 그 아들 요셉이 그 삶으로 하나님의 증거하였듯이, 우리가 그리고 우리 자녀가 천국을 증거하는 삶을 살려고 노력할 때, 하나님께서 우리를 기꺼이 하나님의 증인으로 세상에 드러내실 것이다.

신앙 유전자 적용 포인트

1. 인생이 나그네 길이라는 말을 들으면 당신은 어떤 느낌이 듭니까? 그리고 이 말이 어떤 의미라고 생각합니까?

_____

_____

2. 당신은 이 세상이 경유지임을 잘 인식하고 생활하고 있습니까, 아니면 이 세상이 전부인 것처럼 생활하고 있습니까? 혹시 자녀들에게 이 세상의 성공, 곧 명예나 부 같은 것을 나도 모르게 강요하고 있지는 않은지 돌아봅시다.

_____

_____

3. 천국을 바라는 인생이란 무엇일까요? 이 세상을 등지고 천국만 바라본다는 말일까요? '가치'라는 측면에서 이 질문을 풀어봅시다. 우리의 자녀에게 어떤 것이 천국을 바라보는 삶이라고 설명하겠습니까?

_____

_____

10

민음의 홈스쿨을 만들어가자

창세기 25:27-34

야곱과 에서, 그 차이는 '장막'에 있다.

창세기 25장은, 아브라함에서 시작된 민음이 이삭을 거쳐 야곱에게 이르기까지의 과정 가운데, '민음의 유산' 측면에서 매우 중요한 이야기를 담고 있다.

　이삭은 고향 땅에서 구한 신부 리브가와 혼인했지만 자녀가 생기지 않았다(창 25:20). 그들은 아브라함처럼 다른 데 눈을 돌리지 않고 하나님께 구했는데, 20년 간 기도한 끝에 마침내 하나님께서 쌍둥이를 주셨다(창 25:26). 그런데 오랫동안 기도하여 얻은 쌍둥이가 태어나기 전, 리브가의 뱃속에서부터 싸웠다. 이삭은 이 문제를 놓고 하나님께 기도했다. 하나님께서는 쌍둥이를 통해 두 민족을 이루실 것인데, 큰 자가 작은 자를 섬길 것이라는 예언을 주셨다. 이때까지만 해도 누가 큰 자가 될지 누가 작은 자가 될지 몰랐다.

때가 차서 리브가가 출산을 하였다. 쌍둥이를 낳았는데, 첫째 아이는 몸이 붉고 전신에 털이 많았다. 그래서 이름을 '에서'(붉다)라고 지었다. 바로 뒤따라 나온 동생은 형 에서의 발꿈치를 잡고 나왔다. 그래서 그 이름을 '야곱'(발꿈치를 잡았다, 속이는 자, 우리말로 하면 '뒤통수 치는 자'쯤 된다)이라고 했다. 예언은 예언으로 끝나는 듯했다. 에서는 힘이 셌고, 야곱은 에서보다 약했다. 어쩌면 야곱은 어려서부터 에서에게 맞으면서 컸을지도 모른다.[66] 이 아이들이 자라나서 30세쯤 되었다. 성경은 이들을 다음과 같이 묘사하였다.

그 아이들이 장성하매 에서는 익숙한 사냥꾼이었으므로 들사람이 되고 야곱은 조용한 사람이었으므로 장막에 거주하니 _창 25:27

성경은 무엇을 말하려고 이들을 이렇게 묘사하였을까?

●—●
에서는 싸돌아다녔다

먼저 에서를 살펴보자. 에서가 익숙한 사냥꾼이라는 말은, 부정적으로는 그가 호전적이고 폭력적이며 피를 좋아하는 인물이라는 의미를 내포하고 있다. 에서가 사냥에서 돌아와서 배고플 때에 야곱에게 팥

---

66 비교, 욥 1:10.

죽을 얻어먹는데, 사실 에서가 야곱에게 요청한 것은 팥죽이 아니라 '붉은 것'이었다고 30절에 기록되어 있다. 아마도 야곱이 만드는 음식이 피로 만든 음식, 우리로 치면 선짓국이나 고깃국인 줄 알고 달라고 한 것 같다. 그만큼 에서는 호전적이고 폭력적이고 피를 좋아하는 사람이라는 묘사 같다. 그러나 긍정적인 측면도 분명히 있다. 본문은 에서를 당시의 기준으로는 자립하였고 능력 있던, 사회적으로 성공한 사람이었음을 말해준다. 옛날에는 가족들을 먹여 살리려면 농사를 짓거나 짐승을 잡아야 했다. 그러므로 에서가 짐승을 잘 잡았다는 말은 그가 가족을 먹여 살릴 능력이 월등했음을 보여준다.

게다가 에서는 어려서부터 전신이 털옷 같았다고 하였는데, 이는 당시 기준으로 매우 남자답고 힘이 셌다는 말이다. 지금이야 미남의 기준이 아이돌 스타일의 미소년이지만, 당시는 우락부락하고 근육질이고 털 많은 야성적인 사람을 선호했다. 그는 요리도 잘했다. 아버지 이삭이 에서의 요리 때문에 에서를 편애할 정도였다. 한마디로 에서는 당대에 사회적으로 성공한 사람이었다. 지금으로 말하면, 에서는 좀 터프하지만 능력이 좋아서 돈을 많이 벌고, 외모도 준수하고, 게다가 요리까지 잘하는, 성공한 인생을 사는 사람이라고 할 수 있다. 아마 당시에 에서는 대부분의 사람들에게 선망의 대상이었을 것이다.

그런데 한번 생각해 보자. 이런 사람에게 하나님이 필요했을까? 먹고 살 수 있고, 능력 좋고, 외모도 괜찮고, 건강하기까지 하면, 대개 하나님을 찾지 않는다. 그렇지 않은 사람도 있지만, 대다수가 스스로의 능력과 성공을 믿고 살게 마련이다. 이것이 세상 사람들의 모습이다.

반대로 하나님의 사람들은 스스로가 아니라 하나님을 믿고 살아간다.

유학하던 시절에, 집세를 줄이느라고 우리가 머무는 방 말고 다른 방들을 세놓은 적이 있다. 요즘 말로는 셰어하우스를 했다는 말이다. 하루는 믿지 않는 대학생 한 명이 들어왔다. 대학에서 법을 공부하다가 휴학하고 영어를 배우러 온 학생이었다. 교회를 안 다니는 친구였는데, 같이 사는 사람들이 목사 부부라니까 혹시라도 전도당할까 봐 경계하는 눈치였다. 우리 역시 기도는 했지만 교회에 가자는 말은 안 했다. 생각이 뚜렷하고 자기에게 철저한 친구여서 오히려 역효과를 볼 수도 있다고 생각했기 때문이다. 그러기를 한 달이 지났다. 한 달이 지나도록 교회 이야기를 안 하자, 오히려 그쪽에서 호기심이 발동했는지 어느 날 식사를 하는 중에 불쑥 물어왔다. "목사님, 도대체 교회 다니는 사람들은 어떤 사람들입니까? 교회에 왜 가는 겁니까?" 속으로 뛸 듯이 기뻤지만 애써 관심이 없는 척하며 그동안 참아왔던 이야기를 했다.

"교회는 연약한 사람들이 다니는 곳입니다. 스스로 구원을 얻을 수 없고 예수님을 통해서만 구원을 얻는다고 생각하는, 연약하고 가난한 사람들이 다니는 곳입니다."

이 말을 시작으로 하여 복음을 전하였다. 그날 그는 복음을 들었고, 얼마 지나지 않아서 세례를 받고 그리스도인이 되었다.

하나님의 백성은 스스로를 의지하지 않고 하나님만을 의지하는 연약한 사람, 가난한 사람, 겸손한 사람이다. 그런데 에서는 그렇지 않았다. 창세기 27장 40절을 보면 에서는 칼의 힘을 믿고, 스스로의 힘과 부를 믿는 사람이 될 것이라고 예언되었다. 이 예언처럼 에서는 칼을 믿고 생활했다. 성경은 에서를 하나님 없이 세상에서 성공한 인생의 전형으로 묘사하고 있다. 아마도 그는 하나님을, 그리고 하나님이 주시는 복의 필요성을 별로 느끼지 못했을 것이다. 사회적으로는 성공했지만, 오히려 그래서 영적인 것에 관심이 없었을 것이다.

야곱은 장막에서 배웠다

거기에 비해 야곱은 어떻게 묘사되었을까? 야곱은 조용한(개역성경에서는 종용한) 사람이었으므로 장막에 거주하였다고 했다. 그렇다면 여기서 말하는 '조용한 사람'은 어떤 사람일까? 영어로 quiet man이라고 한 곳이 있는데, 히브리어로 보면 '온전한, 순전한, 경건한'으로 번역될 수 있다. QT(quiet time)를 직역하면 '조용한 시간'이지만 의역하면 '경건의 시간'이라고 말할 수 있는 것처럼, 야곱 역시 경건한 사람이라고 해석해도 크게 무리가 없다.

그런데 야곱이 조용한 사람, 곧 경건한 사람이기 때문에 장막에 거주한다는 것이 좀 이상하지 않은가? 경건한 사람이라서 장막에 거하다니, 그 당시 경건한 사람은 장막에서 지내야 한다는 법이라도 있었던 것일까? 성경은 야곱이 그저 집안에서 지내는, 혹은 어머니 치마폭에 싸여 있는 사람이라는 것을 보여주려고 이렇게 기록한 것이 아니다. 야곱도 그리 만만한 사람은 아니었다. 에서에게 밀려서 그렇지 하란의 우물가에서 두세 명이 겨우 들 수 있는 우물 덮개를 혼자서 들 정도로 힘이 있었다(창 29:10). 나중에 얍복 강가에서도 하나님의 사자가 이기지 못할 정도로 힘이 센 사람이 야곱이었다. 그러므로 야곱을 그저 장막에 거하면서 어머니를 도와 집안일 하고 요리나 하던 유약한 사람으로 보면 안 된다. 그럼 장막에서 지냈다는 것은 뭘 의미할까?

유대인에게 장막(텐트)은 단순히 먹고 자는 장소만이 아니었다. 당시 장막은 숙식을 해결하는 곳일 뿐만 아니라 학교의 역할도 했다. 물론 학과목 수업을 듣고 공부하는 지금의 학교와는 개념이 다르다. 유대인들에게 장막은 신앙을 물려주고 물려받는 장이었다. 장막은 믿음의 무용담을 들려주는, 일종의 믿음의 홈스쿨이었던 것이다.

어떤 전승은 야곱이 장막에서 주의 교훈을 배웠다고 한다.[67] 구약성서의 아람어 번역서인《탈굼》에는 성경 본문을 해설하면서 '야곱이 학교에 다녔다'라고 기록하고 있다.[68] 물론 여기서도 학교는 현대적 의미의 학교가 아니라 믿음의 홈스쿨을 말하는 것이다. 따라서 야곱이 장막에 거했다고 하는 것은 그가 장막에서 하나님에 대한 이야기를 들으면서 신앙을 잘 물려받았다는 말이고, 어려서부터 믿음을 잘 전수받았다는 표현이다.

연대를 계산해보면, 할아버지 아브라함은 손자 야곱이 15세가 될 때까지 살아 있었다.[69] 이게 무슨 이야기인가? 야곱은 십대 소년이 되기까지 15년간 장막에서 믿음의 조상인 아브라함에게 신앙 전수를

---

67 《야살의 책》(이스트윈드, 2020), 189. 한국어로 번역되어 있는 이 《야살의 책》은 위작이지만, 유대인들의 전승을 반영한다는 면에서 참고할 가치가 있다.

68 Targum Onqelos 창 25:27, Targum Neophyti 창 25:27, 쿠걸, 《모세오경》(CLC, 2003), 248에서 재인용.

69 [그림 7]

신앙 유전자

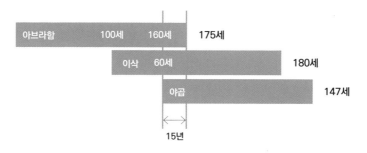

[그림 7] 아브라함, 이삭, 야곱의 연대기표

받았다는 것이다. 그야말로 개인 교습이요 특별 과외였다. 야곱은 믿음의 홈스쿨에서 믿음의 원조이자 시조인 아브라함, 그리고 그의 직계 제자인 이삭에게서 믿음의 유산을 잘 물려받았다.

'원조'는 굉장한 권위를 갖는다. 옛날에 찐빵으로 유명한 어느 지방에 가니 찐빵집 간판이 수없이 많았다. 그런데 간판마다 '원조'라는 말이 있었다. 여기도 원조, 저기도 원조, 여기 가니까 진짜 원조, 저기 가니까 참 원조라고 쓰여 있었다. 한 할머니가 그 지방 찐빵가게의 원조였다는데, 그 할머니의 이름을 붙여 할머니의 며느리 집, 사위 집, 손주 집, 기술을 전수받은 사람의 집 등등의 이름이 붙어 있는 것도 보았다. 원조 찐빵집의 찐빵을 먹어보았는데, 솔직히 맛으로만 이야기하면 고속도로 휴게소의 찐빵과 큰 차이는 없는 것 같았다. 그러나 자꾸 먹으니, 원조 빵은 투박하지만 무언가 깊은 맛이 느껴졌다. 빵 하나도 이렇게 원조가 중요하다. 즉, 원조의 권위가 크다는 것이다.

야곱은 장막에서 믿음의 원조, 믿음의 기원(origin)한테서 하나님에 대해 듣고 배우며 자랐다.

"내가 메소포타미아에서 살 때 말이야, 하나님께서 본토 친척 아버지의 집을 떠나라고 하셨어. 참 무서웠고 기약도 없었지만 그냥 하나님 말씀만 듣고 갔단다. 막상 와서 보니 그리 좋은 땅도 아니었어. 그래도 살아보겠다고 애썼는데, 극한 가뭄이 와서 죄다 죽게 생겼지 뭐냐. 어쩌겠니, 살아야겠으니 애굽으로 갔지. 그랬다가 큰 봉변을 당할 뻔했어. 그러나 하나님은 신실하신 분이라서 실수한 나를 내치지 않으셨단다. 인내하지 못한 나를 버리지 않고 끝까지 인도해주셔서 여기까지 올 수 있었어. 앞으로 우리 후손이 하늘의 별처럼, 바다의 모래처럼 많아지면서 온 세상을 구원할 하나님의 통로가 될 거야. 우리가 모두 다 하나님의 약속을 이루어 나가는 중이란다…."

야곱은 이렇게 믿음의 조상 아브라함과, 믿음의 아들이자 순종의 아들인 이삭으로부터 하나님에 대해서, 약속에 대해서, 축복에 대해서 직접 전수받은 것이다. 성경은, 에서가 외향적이어서 밖으로 돌고 야곱은 내향적이어서 집안에 있었다고 말하려는 것이 아니다. 에서는 믿음을 물려받는 일을 등한시하여 하나님의 축복에 무지했고, 반대로 야곱은 믿음을 잘 물려받아서 하나님의 축복이 무엇인지 분명히 알고 소망하였음을 말하는 것이다.

●─●

에서와 야곱의 차이

여기서 에서와 야곱의 차이가 발생하였다. 겉으로 보기에는 에서가 훨씬 능력 있고 성공한 사람이었다. 그러나 그는 하나님 신앙을 제대로 물려받지 못해서 하나님이 주시는 축복이 무엇인지 몰랐고, 또 중요하게 생각하지도 않았다.

본문 34절에 에서는 장자의 권, 즉 하나님의 축복을 가볍게 여겼다고 기록되어 있다. 팥죽 사건이 일어난 때를 계산해보니 야곱과 에서의 나이가 대략 30세 정도이다. 하나님의 축복이 무엇인지 충분히 알 수 있고 판단할 수 있는 나이였다는 말이다. 에서는 충분한 판단력과 인지력이 있음에도 하나님의 축복을 무시했다. 그는 야곱의 속임수에 넘어가서 혹은 배고파서 장자권을 판 것이 아니었다.

성경은 그가 하나님의 축복을 소중한 가치로 여기지 않았기에 그렇게 했다고 분명히 말하고 있다. 반대로 야곱은 겉보기에 화려하지도 않았고 능력이 많아 보이지도 않았지만 세상에서의 성공보다는 하나님께 성실한 길을 걸어갔다. 사실 그는 능력이 없지도 않았다. 그는 삼촌 집에 가서 성공하여 큰 부를 소유하였고, 천사와 씨름을 할 정도였다. 그러나 그는 그보다 하나님이 주시는 복을 소망하였다. 그 차이가 바로 믿음의 홈스쿨에서 왔다. 장막, 믿음의 홈스쿨이 이러한 차이를 만든 것이다. 여기에 우리가 깨닫고 배워야 할 교훈이 있다. 우리는 지금 어떤 인생을 원하는가? 세상적으로 성공한 인생을 추구하는가, 아니면 하나님 앞에서 성실한 인생을 추구하는가? 우리의 자녀가 어떠한 인생을 살기 원하는가? 에서와 같은 인생인가, 야곱과 같은 인생인가? 자녀에게 믿음의 홈스쿨을 충분히 제공하고 있는가?

솔직히, 에서가 하나님의 복을 등한시했다고 해서 윤리적으로 심각한 결함이 있었던 것은 아니다. 물론 결혼 문제 등으로 부모 속을 썩이긴 했어도 그가 저주를 받았다거나 망하거나 하지는 않았다. 나중에서도 큰 축복을 받아서 자손들도 많아지고 당대의 큰 부자가 되었다. 에서 같은 인생이 결국 망했다면 우리가 좀 더 쉽게 선택할 수 있을 텐데, 하나님을 떠난 에서도 세상에서 성공했다. 이런 것을 볼 때 우리의 마음이 흔들린다.

그러나 질문은 같다. 당신과 당신의 자녀는 세상적으로 성공한 에서의 인생을 살길 원하는가, 하나님 앞에서 성실했던 야곱의 인생을 살길 원하는가? 당신은 자녀가 어떠한 삶을 살길 원하는가? 아마 대부분의 솔직한 마음은 '둘 다면 좋겠다'일 것이다. 세상적으로 성공하고, 하나님 앞에서도 성실한 사람이 되면 좋겠다고 답할 수도 있다.

이 질문의 핵심은 둘 중 하나를 선택하라는 것이 아니다. 세상에서 성공하고자 하는 갈망만큼 하나님의 백성으로서 성실하게 살고자 하는 거룩한 갈망이 우리에게 있느냐 하는 것이다. 높은 자리에 오르고 물질이 풍족해지고 많은 명예를 얻고자 하는 만큼, 더 거룩해지고 하나님과 더 친밀하게 동행하고, 주의 임재 가운데, 주의 영광 가운데 들어가고자 하는 간절함이 큰가? 바꾸어 묻자면, 우리가 다 평안을 바라며 열심히 사는데, 그렇게 평안을 추구하는 만큼 그리스도를 위해서 고난을 기꺼이 받고자 애쓰는가를 묻는 것이다. 그리스도를 위해서 당하는 고난과 불이익을 피하거나 외면하지 않고 기꺼이 감수하고자 하는가? 우리와 우리의 자녀가 이렇게 거룩하게 되길 바라는가?

우리는 믿음을 잘 물려주어야 한다. 믿음의 홈스쿨에서 믿음을 잘 물려받아야 하고 또 잘 물려주어야 한다. 그러기 위해서는 먼저 우리가 성실한 야곱의 삶을 먼저 살아가야 한다. 믿음의 유산을 물려주려면 믿음의 유산을 가지고 있어야 하기 때문이다.

믿음의 홈스쿨의 차이
- 에서: 사회적으로 성공했지만 영적으로 실패한 사람
- 야곱: 영적인 유산을 잘 물려받은 사람
- 차이: 믿음의 홈스쿨

기원전 2천 년 이전부터 수메르 문명에는 이미 학교가 존재했다는 글을 읽은 적이 있다.[70] 기원전 2천 년경이면 아브라함과 거의 동시대이고, 아브라함이 떠나온 갈대아 우르가 수메르 문명의 중심지였다. 아브라함은 당시에 학교가 없어서 홈스쿨링을 한 것이 아니다. 아마 높은 수준의 교육을 위해서라면 고향 수메르로 유학을 보냈을 것이다. 그러나 아브라함은 하나님의 뜻을 따라서 그의 사명대로, 장막에서, 믿음의 홈스쿨에서 믿음의 유산을 물려준 것이다(히 11:9).

오늘, 우리는 세상에서 성공한 에서보다 하나님 앞에서 성실한 야곱의 인생을 소망해야 한다. 그런 자녀들이 되길 소망해야 한다. 그리고 그 소망은 믿음의 홈스쿨에서 나온다는 사실을 기억해야 한다.

---

70 새뮤얼 노아 크레이머, 박성식 역, 《역사는 수메르에서 시작되었다: 인류 역사상 '최초' 39가지》(2018, 가람기획), 1, 2, 3장. 여기에 보면 기원전 2000년경 이미 학교가 있었고 그와 관련된 촌지와 청소년 문제에 대한 기록들이 있다.

신앙 유전자 적용 포인트

1. 나에게서 '에서'의 모습을 찾아봅시다. 그리고 '야곱'의 모습을 찾아봅시다. 나는 에서에 가깝습니까, 아니면 야곱에 가깝습니까?

_____

_____

_____

2. 세상에서 성공한 에서의 인생과 하나님 앞에서 성실했던 야곱의 인생은 어떻게 달랐습니까? 에서의 문제는 무엇이었습니까? 당신 혹은 당신의 자녀는 에서와 야곱 중에서 어떤 인생을 살기를 원합니까?

_____

_____

_____

3. 당시의 장막은 집, 곧 거주지이자 학교의 역할을 했습니다. 지금 당신의 집과 가정은 거주지뿐 아니라 믿음의 학교 역할을 잘 하고 있습니까?

_____

_____

_____

3
PART

물려준 믿음이
심기고 자라는 원리

11

축복의 유산이 대물림되는 원리

창세기 26장

축복은 저주를 이긴다!

우리는 일이 잘 안 풀리거나 나쁜 일이 일어나면 쉽게 남 탓을 한다. 우리 속담에도 "잘되면 내 탓, 잘못되면 조상 탓"이라고 했다. 요한복음 9장에서, 제자들이 앞을 보지 못하는 사람을 두고 그가 맹인이 된 것이 그의 탓인지 혹은 그 조상의 탓인지를 예수님께 물었다. 그 질문의 배경에는 당시 장애를 당사자 혹은 그 조상의 죄라고 믿은 잘못된 전통이 있기도 했지만, 근본적으로는 잘못을 누군가의 탓으로 돌리려는 인간의 속성이 투영된 것이다. 여기에 대해 당연히 예수님은 "아니다"라고 대답하셨다.

이러한 생각의 아류가 '가계에 흐르는 저주'이다. 지금은 별로 신봉

신앙 유전자

하는 사람들이 없지만 한때는 크게 유행했다. 지금 내가 불행하고 고통받는 것은 조상의 죄 때문이며, 저주의 사슬을 끊어야 행복을 누릴 수 있다는 사상이다. 여기에 대한 답은 당연히 '아니다!'이다. 부모의 부족함이나 죄를 보고 배우거나 답습할 수는 있지만 그것이 가계에 면면히 흐르는 저주라고 해석하는 것은 과장이며, 치우친 성경 해석이다.

사실 창세기 26장 말씀은 자칫하면 '조상 탓'을 뒷받침하는 자료처럼 보인다. 실제로 그렇게 인용되기도 한다. 가나안 땅에 아브라함 때에 버금가는 큰 기근이 오자 이삭은 애굽으로 피난을 가고자 하여, 가는 길목에 그랄에 머물렀다. 그때 하나님께서 이삭에게 말씀하시기를, 애굽으로 가지 말고 거기에 머물라고 명하시며, 그러면 그를 축복하겠다고 하셨다. 이삭은 그 말씀에 순종하여 그랄에 거주하였다. 그때부터 창세기 12장 혹은 20장에서 아브라함과 사라에게 일어난 일과 비슷한 사건이 일어났다. 이런 유사성은 죄와 저주의 대물림의 증거로 제시되기도 한다. 과연 그럴까?

●—●

축복받는 이삭

기근 때문에 애굽으로 가려고 나선 이삭 앞에 하나님이 나타나셨다. 그리고 그를 축복하셨다. 그 내용은 다음과 같다.

³이 땅에 거류하면 내가 너와 함께 있어 네게 복을 주고 내가 이 모든

땅을 너와 네 자손에게 주리라 내가 네 아버지 아브라함에게 맹세한 것을 이루어 ⁴네 자손을 하늘의 별과 같이 번성하게 하며 이 모든 땅을 네 자손에게 주리니 네 자손으로 말미암아 천하 만민이 복을 받으리라 _창 26:3-4

우리는 하나님께서 이삭을 축복하신 이유에 주목해야 한다. 이 말씀은 그 이유를 두 가지로 설명하고 있다.

첫 번째, 이삭이 하나님의 뜻에 순종했기에 하나님이 그를 축복하셨다. 그의 순종이 축복의 이유였다. 3절에서 하나님께서는 만약 이삭이 이 땅에 거류하면 아브라함에게 약속하신 복을 주시겠다고 했고, 6절에서 그 말씀을 들은 이삭이 그랄에 남았다고 했다. 기근이 닥쳤을 때에 이삭은 풍요의 땅 애굽으로 가지 않고 하나님의 말씀에 순종하여 기꺼이 기근이 있는 가나안에 남았다. 이것이 하나님이 말씀하신 축복의 이유였다. 하나님의 축복은 순종할 때에 주어지는 것이다.

한편 이것이 이삭이 아버지 아브라함과 다른 점이었다. 창세기 12장을 보면, 아브라함은 기근이 오자 즉각 애굽으로 갔다. 하나님의 음성에 귀를 기울이고자 하는 어떠한 시도도 하지 않았고, 하나님이 말씀하실 틈도 주지 않았다. 다만 자신의 필요와 판단대로 행동했다. 그것이 비윤리적인 선택은 아니었다 하더라도 하나님의 백성으로서는 분명히 잘못된 행동이었다. 그러나 창세기 26장에서 이삭은 하나님의 음성에 귀를 기울였다. 풍요로운 애굽으로 가는 것은 아마 이삭에게도 자연스러운 선택이었을 것이다. 사실 막 가려던 참이었다. 그러나 이삭은 하나님의 음성을 듣고 그 말씀대로 가나안 땅에 그냥 남았다.

성경은 이 과정을 담담히 기록하고 있지만, 실은 대단한 결단이었고 목숨을 건 선택이었다. 아무리 하나님의 음성을 들었다 하더라도 애굽에 가지 않기로 한 것은 쉽지 않은 선택이었다. 당시에 기근은 곧 죽음을 의미했다. 큰 기근에 가나안 땅에 남겠다는 결정은 이삭뿐만 아니라 아내 리브가와 부족과 식솔 모두를 위험에 빠뜨리는 것이었다. 잘못하면 그의 리더십에 치명타를 입을 수도 있었다. 이삭에게 가나안에 '남으라' 하신 명령은 아브라함에게 갈대아 우르를 '떠나라' 하신 명령만큼이나 희생과 결단을 요구하는 것이었다. 그러나 이삭은 하나님의 명령대로 기꺼이 그곳에 남기를 선택했고, 그것이 하나님이 주시는 축복의 이유가 되었다.

만약 하나님에 대한 신뢰가 없었다면, 다시 말해 믿음이 없었다면 이 일은 불가능했을 것이다. 그리고 이 믿음은 아버지로부터 잘 물려받은 것이었다. 믿음의 홈스쿨에서 믿음을 잘 배웠다. 무엇보다도 그의 아버지는 아들을 제물로 바치라는 하나님의 명령에도 순종했고, 그 결과 어떤 약속과 복을 받았는지를 아들 이삭은 눈으로 생생하게 보았다. 그래서 이삭도 순종할 수 있었다. 하나님은 이 순종을 귀하게 보시고 이삭을 축복하신 것이다.

그런데, 한걸음 더 나아가서, 하나님이 이삭을 축복하시는 이유는 이삭의 순종 때문만이 아니었다. 아버지 아브라함의 생전의 순종 때문이기도 했다. 이것이 하나님께서 이삭을 축복하시는 두 번째 이유이다. 아버지 아브라함 대의 순종 때문에 후대 이삭이 축복을 받은 것이다.

> 이는 아브라함이 내 말을 순종하고 내 명령과 내 계명과 내 율례와 내
> 법도를 지켰음이라 하시니라 _창 26:5

부모의 순종이 자손들을 복되게 한다. 부모의 기도가, 부모의 헌신
이 자녀들을 복되게 한다. 물론 부모의 믿음 덕분에 자녀들이 무조건,
저절로 잘될 것이라는 말은 아니다. 믿음은 '혈통으로나 육정으로' 나
는 것이 아니다(요 1:13). 개개인의 결단이 있어야 한다. 자녀들 역시 그
들 자신이 믿음과 성장에의 결단을 해야 한다. 그러나 자녀들이 순종
함으로 받는 축복은 부모의 순종으로 더 풍성해진다. 예컨대, 혹 우리
자녀가 시험에 직면했을 때에 결국 그들 스스로의 믿음으로도 이겨나
가야 하지만, 부모의 기도와 헌신과 순종으로 힘을 받을 수도 있다.

이같이 순종의 가치는 산술급수가 아니라 기하급수로 매겨진다. 물
론 순종이 축복을 유발한다는 말은 아니며, 순종의 대가로 하나님께
서 거기에 상응하는 복을 주신다는 말도 아니다. 굳이 축복과 연관시
키자면, 순종은 축복의 기본 자격쯤 될 것이다. 다만 여기서는 하나님
앞에서 우리의 순종이 얼마나 가치 있는지를 말하려는 것이다. 하나
님은 우리의 순종을 흐뭇해하신다!

더 은혜로운 사실은, 하나님은 우리가 순종한 만큼보다도 우리의
순종을 훨씬 더 귀하게 보신다는 것이다. 그러므로 나 하나만이 아니
라 우리 가정이 순종한다면, 이는 하나님을 더욱 더 기쁘시게 할 것이

다. 이것이 믿음의 유산의 원리이자 축복이 대물림되는 원리이다. 바로 이것이 이삭이 아버지한테서 물려받은 위대한 신앙의 유산이었고, 우리가 물려주고 물려받아야 할 신앙의 유산이다.

그러면 이제 한 가지 질문만 남는다. 우리는 우리 자녀들에게 물려줄 어떤 위대한 신앙의 유산이 있는가? 있다면, 기도와 헌신과 순종의 유산인가, 아니면 게으름과 핑계와 타협의 모습인가?

●━●

실수하는 이삭

그런데 축복의 사람, 순종의 사람 이삭도 죄를 범하였다. 하나님이 원하시는 대로 그랄 땅에 남긴 했는데, 리브가의 미모가 뛰어나기 때문에 혹시 사람들이 자신을 죽이고 아내를 취할까 봐 아내를 누이라고 속인 것이다. 그렇게 꽤 오랜 시간(창 26:8) 잘 정착하나 싶었는데, 결국은 그곳을 다스리던 아비멜렉[71]에게 거짓말이 들키고 말았다. 아비멜렉은 자신이 통치하는 지역에서 남의 아내를 빼앗았다는 불명예스러운 일이 일어날 뻔했던 것을 보고, 이삭을 크게 책망하고 리브가를 보호하는 명을 내렸다.

여기서 우리는 세상에 완전한 사람은 없음을 깨닫는다. 아브라함도 이삭도 연약하고 완악한 죄인일 뿐이며, 하나님의 은혜가 없으면 살아갈 수 없는 존재였다. 믿음의 조상들도 그러했을진대, 오늘날 우리는 더 말할 나위가 없다. 이 사실을 잊으면 금세 교만해지고 만다.

---

71   여기에 나오는 아비멜렉은 창세기 20장의 아비멜렉과 다른 인물이다. 아비멜렉은 가문의 이름으로 추정된다.

신앙생활을 오래할수록 쉽게 빠지기 쉬운 함정이 영적 교만이다. 신앙생활을 오래 하면 알 만큼 알고 할 만큼 한다고 생각하는 경향이 있는데, 종종 이것을 신앙의 성장이라고 착각하기도 한다. 그러나 돌아보면 죄에 대해 점점 무뎌지고 조금씩 타협하며, 신앙생활을 적당히 하려고 하는 자신의 모습을 발견하게 된다. 그래서 사도 바울도 다음과 같이 경고했다.

그런즉 선 줄로 생각하는 자는 넘어질까 조심하라 _고전 10:12

신앙생활을 얼마나 오래 했든, 은사를 얼마나 받았든, 성경공부를 얼마나 많이 하고 헌신을 얼마나 했든, 늘 우리는 실수하고 실패해서 넘어질 수밖에 없는 존재이므로, 하나님의 은혜로만 살아갈 수 있다는 겸비의 고백이 있어야 한다.

한편 우리는 이 사건 바로 앞에 이삭의 순종 결단과 하나님의 축복이 있었다는 사실을 눈여겨봐야 한다. 은혜를 경험하고 곧바로 죄를 범한 것이다. 이삭은 고난이 있어서 타협한 것이 아니었다. 힘들어서 견디다 못해 쓰러진 것이 아니었다. 바로 직전에 하나님의 축복을 듣고 평안한 가운데 넘어진 것이다. 무슨 뜻인가? 한 번의 결단, 한 번의 순종이 나의 평생의 믿음을 보장하는 것이 아니라는 말이다. 지금의 축복이 평생의 축복을 보장하지 않는다. 오히려 정반대일지도 모른다. 평안함이, 축복이 이삭을 안일함으로 이끌었을지도 모른다.

디나 골드스타인이라는 여성 비주얼 아티스트는 '추락한 공주'라는 주제로 디즈니 동화의 주인공들을 재해석하여 연출한 사진을 찍었다. 그녀의 사진들을 보면 동화와 현실의 괴리가 선명하게 드러난다. 그중 백설공주의 사진을 보면, 공주는 육아로 지쳐 보이고 왕자는 누워서 TV를 보는 장면이 담겨 있다.[72] 동화는 '그렇게 행복하게 잘 살았습니다'로 끝나지만 현실은 그렇지 않다. 우리 믿음의 여정도, 믿음의 선한 싸움도 절대로 동화가 아니다. '그렇게 행복하게 신앙생활하다가 천국 갔습니다'는 절대로 있을 수 없는 일이다.

그러므로 우리는 한 번의 은혜에 안주하지 말고, 우리의 믿음이 그리스도의 장성한 분량에 이르도록 날마다 우리 자신을 쳐서 그리스도께 복종시키며(고전 9:27) 믿음의 선한 싸움을 해나가야 한다. 그저 교회에 앉아 있다고, 신앙생활의 경력이 쌓인다고 저절로 신앙이 성숙해지지 않는다. 수동적인 태도에서 적극적인 행동으로 돌아서야 한다.

자녀들 역시 아무리 좋은 신앙의 가문에서, 소위 '나면서부터 그리스도인'으로 자랐다 하더라도, 철저하게 자기 자신을 부인하고(막 8:34) 경건에 이르는 훈련을 하고(딤후 4:7) 기도에 감사함으로 깨어 있지 않으면(골 4:2) 넘어질 수밖에 없다. 부모는 자녀가 부모의 신앙에 기대거나 안주하지 않고, 적극적인 자기 부인과 경건, 신앙생활로 늘 깨어 있도록 이끌어주어야 한다.

---

72 디나 골드스타인, 추락한 공주(Fallen Princess), 백설공주(Snowy), 2008, https://www.dinagoldstein.com/dina-goldsteins-fallen-princesses/

그래도 복 받는 이삭

이삭이 하나님의 보호하심을 의심하고 거짓말을 했지만, 하나님은 그와의 약속을 잊지 않고 그를 축복하셨다. 12절 이후는 이삭이 어떻게 그 땅에서 복을 받는지를 소상히 기술하고 있다.

> 12이삭이 그 땅에서 농사하여 그해에 백 배나 얻었고 여호와께서 복을 주시므로 13그 사람이 창대하고 왕성하여 마침내 거부가 되어 14양과 소가 떼를 이루고 종이 심히 많으므로… _창 26:12-14

이삭이 갑자기 너무 흥하자 블레셋 사람들이 이것을 시기하며 우물을 빼앗는 등 그의 성공을 지속적으로 훼방했다. 그러나 하나님의 축복은 막을 수 없었다. 결국 이삭은 아비멜렉과 동등하게 조약을 맺을 위치가 되기까지 크게 번성하였다.

이삭의 배신과 거짓에도, 하나님은 여전히 그와의 약속을 신실하게 이행하시는 분이다. 비록 죄가 세대를 이어 내려오며 반복될지라도 하나님께서 언약을 잊지 않고 이행하시는 것을 볼 수 있다.

축복은 저주를 이긴다. 우리가 아무리 부족하고 연약하고 악할지라도 우리가 하나님의 자녀라는 사실에는 변함이 없고, 하나님은 끝까지 우리를 사랑하신다.[73]

---

73 비교, 요 13:1.

출애굽기 20장을 보면,[74] 하나님께서 이스라엘에게 십계명 중 제2계명을 주시면서 축복과 저주를 하시는 내용이 나온다.

> [5]그것들에게 절하지 말며 그것들을 섬기지 말라 나 네 하나님 여호와는 질투하는 하나님인즉 나를 미워하는 자의 죄를 갚되 아버지로부터 아들에게로 삼사 대까지 이르게 하거니와 [6]나를 사랑하고 내 계명을 지키는 자에게는 천 대까지 은혜를 베푸느니라 _출 20:5-6

하나님 이외의 것을 사랑하면 저주가 3~4대에 이를 것이며, 하나님을 사랑하고 그의 뜻에 순종하면 천 대까지 은혜를 베푼다고 하셨다. 물론 이것은 레토릭(수사법)이다. 그러나 여기서 우리는 하나님의 마음을 엿볼 수 있다. 하나님은 자녀들에게 저주는 최소로, 축복은 최대로 하시려는 분이다.

그렇다고 해서 이것이 우리의 범죄를 합리화하지는 않는다. 축복이 저주를 이긴다는 사실이 우리로 하여금 죄를 지어도 된다는 뜻은 아니라는 말이다. 사도 바울의 말대로, 은혜 가운데 거하려고 죄를 더 지을 수는 없다(롬 6:1-2).

오히려 이 사실은 우리가 죄를 지었을 때에 죄 가운데 더 머물지 않고 빨리 하나님께로 돌아가게 한다. 우리가 실수하고 실패해도 신실하신 하나님의 자비와 긍휼이 우리를 이끄시기 때문이다.

그러니 하나님께 돌아가는 것을 망설이거나 미안해할 것 없다. 빨

---

74 비교, 신 5:9-10, 7:9-10.

리 돌이켜서 주께 돌아가면 된다. 따라서 축복이 저주를 이긴다는 말은 우리가 죄짓는 것을 합리화하고 뒷받침하는 것이 아니다. 더욱 더 하나님의 은혜에 머물도록 격려하는 것이다.

바울은 다음과 같이 말한다.

> 우리는 미쁨이 없을지라도 주는 항상 미쁘시니 자기를 부인하실 수 없으시리라 _딤후 2:13

이것을 현대어성경은 이렇게 번역하고 있다.

> 비록 우리가 믿음이 다 없어진 것처럼 연약해질 때도 그리스도께서는 여전히 우리에게 신실하시고 우리를 도와주십니다…. 주께서는 우리와 맺은 약속을 언제나 지켜 주실 것입니다. _딤후 2:13

우리가 연약할 때든 범죄할 때든, 하나님은 언제든지 신실하시다. 그래서 실수하고 무너진 우리를 다시 일으켜 세우고 이끌어 주신다.

성경의 축복과 저주는 기계적인 숙명론을 거부한다. 축복과 저주는 정해진 운명이 아니다. 어떻게 해도 축복받을 사람은 축복받고 어떻게 해도 저주받을 사람은 저주받는 것이 아니다.

우리의 순종과 하나님의 신실하심은 언제든지 저주를 축복으로 만들 수 있다. 그래서 축복이 저주를 이기고, 은혜가 죄를 이기고, 하나님의 견고함이 우리의 약함을 이기는 것이다. 물론 내가 축복을 거부하면, 즉 하나님 뜻에 합당하게 살지 않으면, 그 축복은 나에게 오지 않을 것이다. 과연 이 질문 앞에서 우리는 어떤 삶을 선택해야 할까?

축복은 저주를 이긴다
- 이삭과 아브라함의 순종으로 축복받은 이삭
- 아브라함과 똑같은 실수를 하는 이삭
- 그럼에도 신실하게 약속을 이행하시는 하나님

주께 합당하게 행하여 범사에 (하나님을) 기쁘시게 하고… _골 1:10

'나'의 순종은 하나님을 기쁘시게 한다. '우리'의 순종은 하나님을 더욱 더 기쁘시게 한다. 때로는 '나'도 '우리'도 넘어지고 쓰러진다. 그러나 하나님은 우리의 부족함보다 우리의 순종에 더욱 가치를 부여하신다. 우리는 늘 겸손하게 이 사실을 기억하며, 순종으로 하나님을 기쁘시게 하는 인생을 살고자 소망해야 할 것이다.

신앙 유전자 적용 포인트

1. '가계에 흐르는 저주'라는 말을 들어보았습니까? 들어본 적이 있다면, 그 말에 대해 어떻게 반응했습니까? 당신이 생각할 때에, '가계에 흐르는 저주'는 어떤 면에서 그럴듯하고, 어떤 면에서 말이 안 됩니까?

———————————————————————

———————————————————————

2. 순종과 축복의 관계를 당신만의 언어로 설명해보십시오.

———————————————————————

———————————————————————

3. 당신에게는 자녀에게 물려줄 어떤 믿음의 유산이 있습니까? 혹은 반대로 닮지 말았으면 하는 모습은 어떤 것이 있습니까?

———————————————————————

———————————————————————

4. 날마다 결단하는 삶이란 어떤 것일까요?

———————————————————————

———————————————————————

12

예언을 살아가는 올바른 원리[75]

창세기 27장

똑같은 예언을 듣고도
그 반응은 다 달랐다

사람은 미래를 알고자 하는 유일한 피조물이 아닌가 싶다. 왜냐하면
단순한 호기심 때문만은 아니다. 항상 앞으로 일어날 상황을 대비해
걱정하기 때문이다. 믿지 않는 사람들은 점쟁이를 찾아다니며 미래
를 알고 미리 대비하고자 한다. 안타깝게도 그들과 모습이 그다지 다
르지 않은 그리스도인들도 있다. 그러나 우리가 미래를 알 수 있다면
그것이 과연 축복일까? 미래를 안다면 무엇이 달라질까?

　하버드대 출신의 스탠퍼드대 신경외과 교수인 로버트 새폴스키는

75　박철현 교수의 저서 《깨진 토기의 축복》 3장 제목에서 응용했다.

자신의 책《스트레스》에서 "얼룩말은 위궤양이 없다"[76]라는 말을 한다. 평원의 얼룩말과 같은 동물들도 스트레스가 있다. 어쩌면 그 어떤 스트레스보다 극심할지도 모른다. 언제 맹수에게 잡아먹힐지 모르기 때문이다. 그러나 얼룩말에게는 미래에 일어날 상황에 대한 스트레스는 없다고 한다. 그래서 맹수가 덮치는 순간 극도의 스트레스를 받지만, 그 상황이 지나면 금방 정상으로 돌아온다는 것이다. 그런데 인간은 미래에 일어날 상황을 상상하고 스트레스를 받는다. 그 스트레스가 신경계를 억제하여 소화시키기 못하게 하여, 그것이 위궤양을 유발한다. 그래서 얼룩말은 위궤양이 없고 인간만 위궤양이 있다는 것이다.

인간이 그토록 미래를 알고 싶어하지만, 실은 미래를 아는 것이 그리 도움이 되지 않을 수도 있다. 필립 얀시의 책《뜻밖의 장소에서 만난 하나님》에서는, 하나님께서 인간에게 미래를 안 가르쳐 주시는 이유는 인간이 그것을 감당하지 못하기 때문이라고 했다.[77] 알아봐야 별수 없다는 말일 수도 있다. 그런데 하나님의 백성들에게는 이 말이 정답이 아니다. 왜냐하면 성경은 예언이기도 해서, 우리는 성경을 통해 미래를 어느 정도, 또 어떤 부분은 확실하게 알고 있기 때문이다.

그러면 또 이렇게 질문할 수 있다. 미래를 아는 것이 우리의 현재의 삶을 어떻게 더 윤택하게 하고 더 거룩하게 하는가?

본문에는 미래를 알았던 사람들의 이야기가 나온다. 바로 이삭과

76   로버트 새폴스키, 이재담, 이지윤 역,《스트레스》(사이언스북스, 2008), 113ff.
77   필립 얀시, 채영삼 역,《뜻밖의 장소에서 만난 하나님》(두란노, 2000), 263-266.

리브가, 그리고 에서와 야곱이다. 이 네 사람은 일찍이 예언을 받았다. 야곱과 에서가 태어날 때, 하나님은 두 아이를 통해 큰 민족이 이루어지며 큰 자가 작은 자를 섬기게 되리라고 예언하셨다(창 25:23). 이삭과 리브가는 물론 에서와 야곱도 이것을 알고 있었을 것이다. 그러나 여기에 대한 반응은 다 달랐다.

이삭이 나이가 많아지면서 눈이 보이지 않게 되었다. 그는 자신이 곧 죽을 것이라고 생각하여 그 전에 자녀들을 축복하고자 했다. 그러나 이삭의 예측은 틀렸다. 이삭은 향후 43년을 더 살았다.[78] 사실 삶에 대한 섣부른 판단은 인생의 가치를 하락시키기도 한다. 모든 생은 하나님께 달린 것이다.

이삭이 잘못 판단한 것은 이것뿐이 아니다. 그는 맏아들 에서를 편애하여 장자의 축복을 그에게 주려고 했다(창 25:28). 그래서 에서에게, 사냥을 하여 잡은 짐승으로 요리를 해오면 그것을 맛있게 먹고 축복해주겠다고 말했다.

그런데 우연히 들었는지 아니면 엿들었는지는 모르지만, 리브가가 그것을 들었다. 리브가는 자신이 편애하는 야곱으로 하여금 음식을 들고 형인 척하고 들어가서 축복을 받게 했다. 눈이 어두워진 이삭은 약간은 의심하였지만 야곱과 리브가의 철저한 대비에 곧 마음을 풀고 야곱을 축복하였다. 이후 에서가 사냥에서 돌아와 음식을 가지고 자신에게 왔을 때에야 비로소 속았음을 알아차렸다. 이삭은 앞서 장

---

78 많은 사람들이 이때 이삭의 나이를 137세로 추정한다. 그는 180세에 하나님의 부르심을 받았다. 비교, 창 35:27-29.

자의 축복을 해버렸기 때문에 에서에게는 축복할 것이 없다고 했다. 에서는 크게 분노하여 야곱을 죽이고자 했다.

사족이지만, 이 말씀을 읽으면서 의문을 품는 사람도 있을 것이다. 이삭이 '속아서' 야곱에게 축복을 했다면, 나중에 진짜 에서가 왔을 때 "내가 속아서 축복했다"라고 말하고, 이전의 축복을 취소하고 다시 에서를 축복하면 될 것도 같은데, 그렇게 하지 않았다. 그렇게 하지 않은 것인지 아니면 하지 못하는 것인지는 모르지만, 이상하다고 생각할 수는 있다. 그 이유는 조금 후에 살펴보자.

여기에서 중요한 것은, 이삭과 리브가는 물론 에서와 야곱도 이 예언의 신탁을 잘 알고 있었다는 점이다. 그들은 미래를 알고 있었다. 그러나 그 예언을 대하는 태도는 사뭇 달랐다. 같은 예언을 받았지만 예언을 살아가는 법은 제각각이었다. 그렇다면 그들의 태도는 어떻게 달랐고, 어떤 것이 예언을 올바로 살아나가는 것일까?

●─●

이삭: 예언을 거스르려고 한 사람

먼저 이삭에 대해서 살펴보자. 이삭은 아버지가 자신을 제물로 바치려고 할 때에 묵묵히 순종했던 아들이다. 주로 들에 나가서 묵상하며 하나님과 동행했고, 블레셋 사람들이 그의 우물을 최소 세 번이나 빼앗았지만 싸우거나 권리를 주장하지 않고 다 양보했다.

그러나 완벽해 보이는 그에게도 치명적인 약점이 있었는데, 에서를 편애했다는 것이다. 그가 편애한 이유가 성경에 나와 있다. 창세기 25

장 28절을 보면 이삭은 에서가 사냥한 고기를 좋아하므로 그를 사랑했다고 했다. 좀 실망스럽지 않은가? 순종과 인내의 사람이, 고작 직접 사냥해서 만들어주는 요리 때문에 에서를 편애했다니 말이다. 결국은 편애가 순종을 이겼다. 물론 이것을 너무 정죄할 필요는 없다. 자식이 여럿이다 보면 뭐라도 나한테 더 가져다주는 자녀가 더 사랑스러울 수도 있다. 충분히 있을 법한 이야기이다.

그러나 우리는 하나님의 예언을 생각해보아야 한다. 순종의 사람 이삭이 하나님의 예언을 잊었을 리는 없다. 그러므로 그는 에서가 야곱을 섬기게 되리라는 예언을 알고도 애써 외면한 것이다. 에서가 해주는 요리에 마음이 빼앗기면서 판단력이 흐려졌다. 하나님의 섭리에 순종하기보다는 자신이 좋은 대로 행했다. 그는 전반적으로 하나님의 뜻에 순종했지만 자녀 문제만큼은 하나님께 순종하지 않았던 것이다.

어쩌면 그는 미래를 알든 모르든 상관이 없었을지도 모른다. 맛있는 고기 요리를 만들어다 주는 에서만 그의 마음 가운데 있었다. 그것이 가치 판단의 기준이었다. 하나님께서 어떻게 계획하시고 어떻게 일을 이루어 나가실지를 알고 있었지만, 거기에 순종하고 순응하여 그 뜻이 이루어지도록 노력하지 않았다. 오히려 애써 외면하며 자신의 감각을 따라 살았다. 그는 자신의 식욕에 무기력하게 끌려갔다. 끝까지 하나님의 뜻을 모르는 척하고, 에서를 축복하려고 애썼다. 그런데 그의 의도와는 달리 에서로 변장한 야곱을 축복하고 말았다. 이것을 무를 수는 없다. 왜냐하면 이삭의 축복은 이삭 개인이 하는 것이 아니라 하나님으로부터 받아서 하는 것이었기 때문이다.

당시 족장들은 다 예언자(선지자)였다.[79] 그리고 그들이 하는 축복은 개인의 바람이 아니라 일종의 예언이요 맹세였다.[80] 그들은 하나님께 받은 대로 축복하거나 하나님 앞에서 엄중히 맹세하는 것이지, 사사로이 하는 것이 아니었다. 따라서 임의로 바꿀 수도 없었다.[81] 앞서 언급했던, 이삭이 야곱에게 준 축복을 무효로 할 수 없는 이유가 바로 여기에 있다. (이것은 기계적 예정론이나 운명론과는 좀 다르다. 여기에 대해서는 에서에 대해서 살펴볼 때에 말하고자 한다.)

이삭은 하나님의 뜻을 외면하고 은근슬쩍 에서를 축복하려고 했지만 결국은 야곱을 축복하게 되었다. 이삭은 하나님의 뜻을 잘 알고 있으면서도 자신의 기준에 따라 혹은 자신이 좋은 대로 행하려고 했다.

그런데 이 모습이 낯설지만은 않다. 우리 자신을 돌아보자. 이 모습이 혹시 나의 모습, 우리의 모습은 아닌가? 하나님의 뜻을 알면서도 자신의 욕심을 따라 자신이 좋은 것을 선택한 이삭의 모습이 바로 우리의 모습은 아닐까? 다른 것은 몰라도 자녀 문제만큼은 내 뜻대로 하려고 하지는 않는가? 하나님의 뜻을 알지만 은근슬쩍 넘어가면서 나의 뜻대로 끌어가려고 하지 않는가? 하나님의 뜻을 알면서도 욕심 앞

---

79 창세기 20장 7절에는 아브라함이 선지자로 묘사되었다(비교, 창 18:17, 26:2 49:1). 월키, 360-361의 각주 19, 506; 웬함, 175, 387.

80 해밀턴, 279-280. 해밀턴은 이삭의 축복을 "예언적으로 말한 것"으로 간주한다. John F. Walvoord and Roy B. Zuck(ed.), The Bible Knowledge Commentary: An Exposition of the Scriptures(Victor Books 1983) 49장 주석에서 야곱의 축복은 신탁(oracle)으로 소개된다.

81 민수기 22-24장의 발람 선지자의 경우, 그가 비록 하나님의 선지자는 아니었지만, 신탁은 신이 주는 대로 할 수밖에 없다. 창세기 48장의 야곱도 손자들을 축복할 때에 요셉이 손을 잘못 얹었다고 말하지만 야곱은 그것을 알면서도 그냥 그렇게 축복을 한다.

신앙 유전자

에서는 무기력해지지 않는가?

이렇게 볼 때, 미래를 안다고 한들 우리의 욕망과 욕심을 내려놓고 주의 뜻이 이루어지길 구하는 자세가 되어 있지 않다면, 우리는 우리의 뜻대로 살 수밖에 없는 존재임을 발견하게 된다. 현재에 순종하지 않으면 미래의 순종은 더욱 보장되지 않는다. 그러므로 바로 지금, 아는 만큼 순종하는 삶을 살아나가야 한다.

● ─ ●

리브가: 예언을 이용하려고 한 사람

그러면 리브가는 어떠했을까? 리브가 역시 하나님의 예언과 약속을 알았다. 그러나 이삭이 식탐을 좇아 에서를 사랑하는 것을 보고도 하나님의 예언을 환기시키거나 조언하지 않았다. 무책임하게 방관했다. 리브가는 이삭에게 하나님의 예언을 상기시켰어야 마땅하다. 그러나 어떠한 노력도 하지 않았다.

또한 장자의 축복을 놓친 에서의 마음을 헤아리고 에서를 위로했어야 한다. 에서가 하나님의 축복을 받지 못할 것을 잘 이해시키고 마음을 잡아주었어야 한다. 어쩌면 당시 문화적인 배경에서는 이것이 어머니 리브가에게 주어진 가장 중요한 미션이었을 것이다. 그러나 이것 역시 무책임하게 방관했다.

배우자 혹은 자녀가 영적으로 넘어지고 힘들어할 때, 하나님의 약속을 상기시키고, 하나님의 말씀으로 위로하고, 바른 길을 가도록 말씀으로 격려하는 것, 이것이 부모 혹은 배우자의 중요한 역할이다. 아니, 엄마든 아빠든 혹은 자녀든 간에 가정에 단 한 사람이라도 하나님의 뜻을 계속해서 상기시키는 사람이 있다면 그 가정은 소망이 있다. 하나님의 말씀으로 격려하고 위로하는 사람이 한 사람이라도 있다면 그 가정은 소망이 있다. 그러나 가족들이 제각각 자신의 관심사에만 몰두해 있다면 하나님의 뜻은 그 가정에서 설 자리를 잃고 만다.

리브가는 그 역할을 다하지 못했다. 오히려 이삭이 에서를 편애했듯이 리브가는 야곱을 편애했다. 그 이유가 성경에 정확하게 나와 있지는 않다. 그런데 창세기 27장 10절에서 야곱에게 "그(이삭)가 죽기 전에 네게 축복하기 위하여 아버지를 속이자"라고 말하는 것을 볼 수 있다. 리브가의 관심은 남편의 건강이 아니었다. 하나님의 뜻이 이루어지는 것도 아니었다. 그녀는 야곱이 받을 복에만 관심이 있었다. 본말전도였다.

그렇다고 해서 리브가가 남편이나 에서를 사랑하지 않았다는 것은 아니다. 다만 리브가는 주어질 축복에 관심이 더 컸을 뿐이다. 사실 이삭도 마찬가지였다. 이삭 역시 에서도 야곱도 사랑했으나, 그저 사냥 잘하고 맛있는 요리를 공급해주는 에서를 더 사랑했을 뿐이다. 이삭과 리브가는 둘 다 아들을 사랑했지만 자녀에게서 얻을 유익에 대한 관심이 더 컸고, 그것이 편애의 단초가 되었다. 만약 에서가 사냥을 잘하지 못하고 맛있는 음식을 바치지 못했다면, 만약 야곱이 하나님의 축복을 받는 대상이 아니었다면, 이삭과 리브가의 자녀 사랑 역시 다른 양상을 보였을지도 모른다.

부모는 자녀가 어떤 모습이든 사랑해야 한다. 자녀가 나에게 유익을 가져다주건 속을 썩이건 간에 자녀는 자녀이다. 그 모습 그대로 사랑해야 한다. 이 사랑은 하나님의 사랑을 닮았다. 우리가 어떤 모습이든 그 모습 그대로 사랑하는 것이 우리를 향한 하나님의 사랑이다. 하나님은 우리가 무엇을 잘하거나 무엇을 하나님께 바치기 때문에 우리를 사랑하시는 것이 아니다. 하나님이 우리를 사랑하시는 이유는 오직 우리가 그의 자녀이기 때문이다. 하나님은 나 자체를 사랑하시는 것이지 나로부터 얻어지는 유익을 보고 사랑하시는 것이 아니다.

결국 이 일로 리브가는 그의 생애에서 사랑하는 아들을 다시 보지 못하고 죽는다. 도대체 이게 뭔가! 아들이 복을 받으면 그 덕 좀 보려고 했는데 아들을 만나지도 못하고, 아들이 받았다는 복을 누리지도 못하고, 오히려 고통과 그리움 속에서 생을 마감하고 말았다. 리브가는 예언을 잘못 이용하려고 했고, 그 대가를 치렀다.

리브가의 모습에 오늘날 우리의 모습을 투영할 수 있다. 주어진 역할에 충실하지 못하면서 받을 복만 바라보는 모습, 축복을 이용하여 주의 뜻보다는 내 뜻을 이루려는 모습, 이런 리브가의 모습이 혹시 지금 우리의 모습은 아닌가? 은연중에 자녀를 통해 복을 누리겠다거나, 자신의 욕심을 투영하고 있지는 않은가?

하나님은 우리를 다 아시고 심은 대로 거두게 하실 것이다(갈 6:7). 그러므로 나의 유익과 기쁨을 위해 하나님의 뜻을 이용하기보다는 그 뜻에 맞게 충실하게 살아가는 인생이 되어야 할 것이다.

에서: 예언에 무관심한 사람

에서는 어떠했나? 에서는 하나님의 뜻에 아예 관심이 없었다. 그가 하나님의 예언을 모르지는 않았을 것이다. 그럼에도 큰 자가 작은 자를 섬길 것이라는 예언에는 그다지 신경쓰지 않았다. 왜냐하면 아예 예언에 관심이 없었기 때문이다. 오히려 예언을 가볍게 여기고 무시했다(창 25:34).

그가 하나님의 축복에서 멀어진 것은 예언 때문이 아니다. 그렇게 예정되어서 그런 것도 아니다. 에서 스스로가 하나님의 약속과 멀어지는 길을 선택한 것이다. 창세기 25장에서 살펴본 것처럼, 야곱이 장막, 즉 믿음의 홈스쿨에서 할아버지와 아버지로부터 하나님의 약속과 미래에 주어질 하나님의 복에 대한 이야기를 들을 때, 에서는 들로 나갔다. 야곱은 예언을 진지하게 들었지만 에서는 그러지 않았다. 그나마 다행인 것은 자신의 능력을 발휘하여 세상에서 성공했다는 것이다.

역사에 만약이라는 것은 없지만, 만약 에서가 하나님의 축복을 사모하고 약속을 소망하며 겸손하게 하나님의 뜻을 구했다면, 역사는 어떻게 달라졌을지 모른다. 요나가 니느웨 멸망을 예언했고 멸망이 예정되어 있었지만, 그들이 회개했을 때 하나님은 멸망을 유보하셨다. 만약 에서가 하나님의 축복을 사모하고 겸손하게 행했더라면, 큰 자가 작은 자를 섬길 것이라고 예언이 주어졌지만, 결과는 어떻게 되었을지 모른다.

하나님의 예언을, 마치 하나님께서 만드신 올무를 우리에게 씌우는 꼭 막힌 프로그램처럼 생각해서는 안 된다. 예정은 그런 게 아니다. 하나님의 선하고 기뻐하시는 뜻대로 이루어지는 것이다.

그러나 에서는 예언을 알고 있었음에도 예언에 따른 그 어떤 자극도 반응도 없었다. 무관심했으며, 오히려 하나님의 예언을 가볍게 여겼다. 에서 인생의 실패가 바로 여기에서 시작되었다. 그는 사회적으로는 꽤 성공했다. 많은 부를 축적하였고, 많은 아내와 자녀들을 두었다. 그리고 큰 민족을 이루었다. 그러나 아무리 사회적으로 성공하고 큰 민족을 이루었어도 그는 하나님의 약속 밖에 있는 외인이요 객일 뿐이다. 왜냐하면 그가 하나님의 뜻에 관심이 없었기 때문이다.

10장 믿음의 홈스쿨에서도 말했지만, 에서는 자신의 능력을 과신한 것 같다. 그는 이미 '익숙한 사냥꾼'(창 25:17)으로 자기가 먹고 사는 것은 물론 부족을 먹여 살릴 만한 충분한 능력이 있었기에, 하나님인 아닌 '칼을 믿고'(창 17:40) 살아도 잘살 수 있다고 생각했을 것이다. 너무 능력이 있고 너무 풍족한 탓에 하나님보다 자신을 믿었다. 결국 그 교만이 그를 하나님의 축복 밖으로 밀어냈다. 이처럼 에서의 비극은 하나님의 예언을 존중히 여기지 않고 멸시한 데서 시작되었다.

…나를 존중히 여기는 자를 내가 존중히 여기고 나를 멸시하는 자를 내가 경멸하리라 _삼상 2:30

미래를 아는 것으로는 절대 인생이 변화되지 않는다. 스스로를 내려놓고, 하나님의 선하고 기뻐하시는 뜻이, 현재든 미래든 우리의 삶을 통해 이루어지도록 겸손하게 하나님의 뜻을 구할 때 우리 인생이 변화된다. 하나님은 교만한 자는 대적하시지만 겸손한 자들에게는 은혜를 베푸시기 때문이다(벧전 5:5). 그러므로 겸손하게 하나님의 뜻을 잘 헤아리고 그 뜻대로 사는 인생이 되어야 할 것이다.

야곱: 예언을 소유하려고 한 사람

그렇다면 야곱은 어떠했나? 야곱이라고 완전했을까? 그렇지 않다. 야곱은 하나님의 약속을 염두에 두고 있었다. 그리고 장차 주어질 하나님의 축복도 기대했다. 그러나 그는 하나님의 방식이 아닌 자신의 방식대로, 자신의 생각대로, 억지로 하나님의 뜻을 이루려 했다. 심지어 형과 아버지를 속여서라도 하나님의 축복을 받아내려고 했다. 축복을 위해서 수단과 방법을 가리지 않았던 것이다. 하나님의 약속을 이루려고 했다는 면에서는 점수를 주고 싶지만, 그렇다고 야곱의 잘못된 행동까지 납득할 수는 없다. 그는 분명히 잘못했다. 야곱은 예언을 따라 살기보다는 예언을 소유하려고 했다.

아무리 하나님의 뜻이라도 그것을 이루려고 과도하게 부리는 욕심은 위험하다. 하나님보다 앞서갈 수 있고, 하나님을 내 뜻을 이루는 도구로 이용할 수 있으며, 그것은 결국 자기 의(自己義)가 되기 때문이다. 할아버지 아브라함은 이미 그것을 경험했다. 그는 약속을 앞당기려고 하갈을 통해 자녀를 얻었으나 약속을 앞당기지 못했다. 오히려 집안에 큰 불화를 가져왔다. 그의 욕심은 하나님의 뜻을 이루는 것을 방해했다.

만약 야곱이 예언을 바르게 실행시키려 했다면, 그는 아버지와 형을 속이기보다, 형의 마음을 세심하게 살피고 아버지의 마음을 살 수 있도록 사랑으로 행했어야 한다. 그것이 예언 앞에서 겸손한 삶이었을 것이다. 그렇게 해도 모자랄 텐데, 상대방의 마음을 상하게 하고 끝내는 속이면서까지 하나님의 뜻을 조급하게 이루려고 한 것은, 어떤 이유를 대더라도 절대로 용납될 수 없다.

이같이 야곱은 미래를 알아서 오히려 탈이 난 사람이었다. 그는 하나님의 예언이 이루어지기를 기대하고 인내하며 자신에게 주어진 일을 묵묵히 했어야 했다. 그러나 그렇게 하지 않았다. 조급하게 예언을 이루려고 인위적인 방법, 더 나아가 비도덕적인 방법을 썼다. 그 결과 야곱이 아버지의 복을 기어이 받아냈지만, 이후에 20년간 삼촌에게 같은 방식으로 이용당하고 속임을 당했다.

물론 이 말이 하나님의 백성은 그저 가만히 있어야 한다는 뜻은 아니다. 감나무 밑에서 감이 떨어지기만을 기다리는 것도 예언을 살아가는 삶은 아니다.

그러면 우리는 어떻게 해야 할까? 예언에 합당하게 준비되어야 한다. 예언이 실현되도록 자신을 준비해야 한다는 말이다. 예언의 '격'에 맞게 자신을 준비해야 한다. 야곱이 라반 밑에서 보낸 20년 세월은, 어쩌면 야곱이 준비되지 않았기에 하나님께서 그로 하여금 예언에 합당한 존재가 되도록 준비시키신 시간은 아니었을까?

다윗이 그러했다. 다윗은 사무엘을 비롯한 당시 유수한 선지자들로부터 왕이 될 것이라는 예언을, 한 번도 아니고 세 번씩이나 받았다. 그러나 곧바로 왕위에 오르지 못했다. 예언을 받고도 20년 동안 죽음의 고비를 넘기며 유랑했다. 그런데 그 기간에 다윗은 왕으로서 영적으로 준비되었을 뿐 아니라, 그가 국가의 기틀을 놓을 때 필요한 사람들이 준비되었다. 하나님의 예언을 이루도록 준비된 것이다.

(아, 그러고 보니, 하나님의 뜻을 미리 아는 것이 반드시 우리에게 평안함을 가져다주는 것은 아닌 것 같다. 하나님의 뜻을 안다는 것은 어쩌면 고통스러운 일일 수 있다. 거저 주어지는 것이 아닌 것 같다. 그래도 하나님의 뜻을 잘 알고 싶은가?)

예언을 사는 삶이란 무엇일까? 그것은 예언을 내 것으로 소유한다기보다는 예언에 맞게 준비되는 삶이다. 선하고 온전하며 하나님께서 기뻐하시는 뜻이 무엇인지 분별하고(롬 12:2), 그 뜻이 나를 통해 이루어지도록 스스로를 쳐서 복종시키며 연단하고, 정결하게 하는 것이 예언을 살아가는 삶이다.

그러므로 누구든지 이런 것에서 자기를 깨끗하게 하면 귀히 쓰는 그릇이 되어 거룩하고 주인의 쓰심에 합당하며 모든 선한 일에 준비함이 되리라 _딤후 2:21

언제든 나를 통해 하나님의 뜻이 이루어지도록 우리 자신을 겸손하게 준비하는 것이 예언을 살아가는 삶이다.

신앙 유전자

예언을 살아가는 법

– 이삭: 예언을 애써 외면한 사람

– 리브가: 예언을 이용하려고 한 사람

– 에서: 예언에 무관심한 사람

– 야곱: 예언을 소유하려고 한 사람

믿음의 조상이라고 불리는 아브라함 가문에서조차 세대를 내려가도 계속 실수하고 잘못을 반복하고 있다. 심지어 야곱은 아브라함의 장막에서, 믿음의 홈스쿨에서 신앙을 전수받고도, 아브라함의 실수를 반복하며 예언을 자기 힘대로 실현시키려 했다. 믿음의 유산을 물려주고 물려받는 것이 호락호락하지 않음을 선명하게 보여준다.

믿음의 조상을 판단하려는 것은 아니다. 포인트는 이것이다. 우리가 미래를 알고자 간절히 소망하는 만큼, 현재 우리의 욕심과 무관심과 잘못된 열심을 내려놓아야 한다. 미래를 안다고 믿음이 더 좋아지는 것도 아니고, 미래를 모른다고 믿음이 약해지는 것도 아니라는 것이다.

결국 창세기 26장 말씀을 통해 얻을 수 있는 교훈은, 예언을 받는 것보다 예언을 살아나가는 것이 더 중요하다는 것이다. 미래의 하나님의 뜻을 아는 것보다 바로 지금 순종하고자 하는 마음으로 매일매일을 살아가는 것이 훨씬 중요하다. 이 사실을 내가 알 뿐 아니라 자녀들도 잘 알고 믿음의 삶을 살도록 가르치는 것이 믿음의 유산을 물려주는 일이다. 아브라함조차 완벽하게 성공하지는 못했지만, 우리 역시 완벽할 수는 없겠지만, 하나님의 신실하심에 기대 자녀를 신뢰하며 꾸준히 믿음을 전수해야 한다.

드물지만 가끔 예언의 은사를 받은 분들과 교제할 때가 있다. 기본적으로 그런 분들은 존중받아야 한다. 오늘날도 경우에 따라서 하나님께서 그들을 통해, 제한적이지만, 말씀하실 수 있다고 생각한다. 그러나 솔직히, 아침에 QT 하는 가운데 깨닫게 되고, 기도할 때 마음에 주시고, 공동체의 지체들을 통해서 알게 되는 하나님 뜻 이외에 하나님의 뜻을 더 알 필요를 발견하지는 못했다. 좀 더 솔직히 말하자면, 이미 계시된 하나님의 말씀을 따라 사는 것만 해도 충분히 버겁다.

예언을 살아나간다는 것, 그것은 오늘에 충실한 삶이다. 하나님의 나라는 이런 사람들을 통해 이루어진다. 오늘 바로 이 시간을 충실하게 살면서 하나님의 뜻을 이루어가는 우리가 되어야 하겠다.

신앙 유전자 적용 포인트

1. 예언을 대하는 우리의 태도는 어떻습니까? 에서와 야곱처럼 명확하게 주어진 예언은 아니지만 보편적 예언인 성경이 우리에게 있습니다. 이 말씀을 대하는 나의 태도는 이삭, 리브가, 에서, 야곱 중에서 누구의 모습을 닮아 있습니까?

_____

_____

2. 이삭은 전반적으로 하나님의 뜻에 순종했지만 자녀 문제만큼은 하나님께 순종하지 않았습니다. 당신은 어떻습니까? 자녀 문제나 교육에 대해서 하나님 뜻에 온전히 순종하고 있습니까? 꼭 자녀 교육이 아니더라도 이것만큼은 순종하지 못한다고 생각하는 분야가 있지는 않습니까?

_____

_____

3. 복은 하나님의 뜻을 성취하는 데 필요한 도구 혹은 요소일 뿐입니다. 당신은 이 사실을 잘 알고 실천하고 있습니까? 그 사실을 외면한 채 복을 우선시하는 생활을 하고 있지는 않은지 돌아봅시다.

_____

_____

13

야곱이 이스라엘로 자라간 원리

창세기 29:1-30

**야곱이 벧엘과 광야를 지나
하란에 가서 배운 것**

성경은 우리의 영적인 상태를 여러 가지로 표현한다. 갓난아기 같은
믿음이 있고, 어린아이 같은 신앙이 있으며, 장성한, 즉 성숙한 신앙을
가진 사람들이 있다고 말한다.

갓난아기들같이 순전하고 신령한 젖을 사모하라… _벧전 2:2

¹³이는 젖을 먹는 자마다 어린아이니 의의 말씀을 경험하지 못한 자요
¹⁴단단한 음식은 장성한 자의 것이니 그들은 지각을 사용함으로 연단

신앙 유전자

을 받아 선악을 분별하는 자들이니라 _히 5:13-14

그런데, 성경에는 나오지 않지만 경험상 청소년 같은 시기를 걷는 신앙인들도 의외로 많았다. 툭하면 화를 내고, 말도 안 듣고, 해야 할 일을 안 하는 신앙인들이 있다는 말이다. 지금 우리의 신앙이 어디에 해당하든 성경은 다음과 같이 명한다.

오직 우리 주 곧 구주 예수 그리스도의 은혜와 그를 아는 지식에서 자라가라… _벧후 3:18

성경은 우리 신앙에 대해서 말하길, 거듭나는 것은 한순간일지 모르지만 그 후에는 지속적인 성장이 있어야 한다는 것이다.

창세기 29장에서 우리는 성숙해가는 한 신앙인의 이야기를 볼 수 있다. 그의 이름은 야곱이다. 앞으로 우리는 하나님께서 어떻게 그를 훈련시키고 다듬으셨는지, 잔꾀를 부리며 속이는 인생을 살아온 야곱을 어떻게 하나님과 겨루어 이긴 이스라엘로 만들어 가셨는지 살펴보며, 야곱이 이스라엘이 되기까지의 여정에 동행할 것이다.

●─●

벧엘의 돌베개, 그리고 예배

에서에게서 생명의 위협을 느낀 야곱은 어머니의 조언을 따라 삼촌 라반이 있는 하란으로 떠났다. 도중에 벧엘에서 하나님을 만났는데,

이때 야곱의 나이가 77세쯤이었다. 청년 야곱의 이야기인 줄 알았는데, 야곱 나이가 80이 다 되어서 일어난 일이다.

이때에 야곱은 세 가지를 처음 겪었다. 첫째, 지금까지 장막에서 가족들과 지내다가 처음으로 광야를 경험했다. 둘째, 지금까지는 할아버지와 아버지의 하나님에 대해서 듣기만 했는데 처음으로 하나님의 임재를 경험했다. 마지막으로 셋째, 처음으로 스스로 단을 쌓고 예배를 드렸다. 광야에서의 경험은 야곱의 인생에서 가장 획기적인 터닝포인트 중 하나였을 것이다.

그는 지금껏 의식주 걱정은 하지 않아도 되는 환경에서 자라났다. 비록 형제간에 마음고생은 했지만, 여든이 다되도록 큰 걱정 없이 좋은 환경 속에서 신앙 교육을 받으며 축복 가운데 생활했다. 그러던 그가 광야로 나갔다. 그것도 나들이나 여행이 아니라 형의 눈을 피해 죽음을 각오하고 도망간 것이다. 평온하게 살던 그에게는 매우 큰 충격이었고 굉장한 경험이었을 것이다. 광야에서 지내봤거나 광야를 잘 아는 사람에게도 광야는 힘겨운 장소였을텐데, 광야를 전혀 모르는 야곱이, 그것도 여든을 바라보는 나이가 되어서야 고난의 광야 길에 들어섰다.

그는 밤이 되어 돌베개를 베고 잠이 들었다. 오죽 지쳤으면 돌베개를 하고도 잠이 들었겠는가? 그의 인생에서 그런 경험은 처음이었을 것이다. 그런데 바로 그때 하늘 문이 열렸고, 야곱은 하나님의 임재를 경험했다. 뒤에서는 에서의 위협이, 현재에는 광야의 위협이, 그리고 앞으로는 불확실한 미래가 기다리고 있는 야곱! 그가 인생의 바닥으로 떨어진 그때 하나님께서 그를 찾아오신 것이다. 그동안 하나님은 할아버지 아브라함의 하나님, 아버지 이삭의 하나님이었다. 그런데 귀로만 들었고 머리로만 알던 하나님이 광야에서 야곱의 삶에 개입하시고, 직접 경험하게 하셨다.

우리도 인생의 바닥에서 헤매거나 인생의 지옥을 경험하면서 하나님을 깊이 경험하기도 한다. 부요할 때, 평안할 때에는 머리로 알았던 하나님을 고난과 고통 가운데에서 만나는 것이다. 부모님이 물려준 신앙, 주일학교에서 배웠던 신앙이 고통과 고난을 통해 나의 신앙으로 고백되는 순간이다. 마치 욥이 그의 고난과 고통의 끝에 하나님을 만나고 고백한 것처럼 말이다.

내가 주께 대하여 귀로 듣기만 하였사오나 이제는 눈으로 주를 뵈옵나이다 _욥 42:5

야곱이 바로 그랬다. 비로소 그가 하나님을 직접 만난 것이다. 야곱은 깨어난 후 두려움 마음으로 단을 쌓았다. 그리고 예배를 드렸다. 그의 생애 가운데 처음이었다. 그동안에는 아버지가 단을 쌓고 예배드리는 데 참여했지만, 이제는 야곱 스스로 단을 쌓고 예배드리게 되었다.

우리 자녀들도 언젠가 이 순간을 만날 것이다. 기독 가정의 자녀라면 대개 어릴 때부터 부모의 손을 잡고 교회에 다니고, 교회학교를 거치며 신앙인의 길에 들어선다. 신앙생활의 계기가 부모였기 때문에 자기 의지와 상관없이 신앙인의 길에 서 있는 것이다. 그 믿음을 온전히 자신의 것으로, 부모님의 하나님을 '나의 하나님'으로 고백할 때 비로소 신앙의 독립체가 된다. 그 순간이 평온한 가운데 올 수도 있고 야곱처럼 고난의 시기에 올 수도 있다. 언제든 늘 깨어 있어 그 순간에 진실한 고백을 할 수 있도록 믿음의 토양을 마련해주는 것이 부모의 역할이다.

야곱은 위기를 만나면서 아버지의 하나님을 자신의 하나님으로 만들어가기 시작했다. 위기 속에서 이론의 하나님이 실제의 하나님이 된 것이다. 이것이 벧엘의 은혜요 벧엘의 영광이었다.

인생에 위기가 닥쳤을 때, 그저 비참해하거나 주저앉아 있지 말아야 한다. 오히려 그때가 하나님의 영광을 경험할 수 있는 좋은 기회이기 때문이다. 평안할 때 몰랐던 하나님, 이론상의 하나님, 탁상 위의 하나님이 아니라 도우시는 하나님, 실제의 하나님, 행하시는 하나님이라는 것을 위기 가운데 더욱 생생하게 체험할 수 있다.

●━●

광야보다 더한 광야로

그런데 더 중요한 것은, 하나님께서 야곱을 벧엘에 머물게 하지 않으셨다는 사실이다. 하나님은 그를 광야로 내모셨다. 하나님은 야곱에게 벧엘에 머물라고 하지 않으시고, 네가 어디로 가든지 함께하겠다고 약속하셨다. 벧엘을 떠나는 것을 전제로 그렇게 말씀하신 것이다.

본문이 실화가 아니라 교훈적인 전설이었다면, 아마도 야곱은 그곳에 단을 쌓고 평생 여호와를 섬기며 살았더라 하는 식으로 끝났을 것

신앙 유전자

이다. 그러나 본문은 그렇게 끝나지 않는다. 야곱은 벧엘을 떠나야 했다. 하나님을 만난 자리, 영광스러운 자리, 하나님의 집이라고 부르는 벧엘에서 평생 예배드리며 잘 살면 될 텐데, 하나님은 그렇게 내버려두지 않으셨다. 야곱은 자의로든 타의로든 광야로 내몰렸고, 결국 하란이라는, 광야보다 더한 곳으로 가야 했다.

복음서는 예수님이 공생애를 시작하면서 요한에게 세례를 받으시는 장면을 기록하고 있다(마 3:13-17; 막 1:9-11; 눅 3:21,22). 이것은 일종의 메시아 임명식으로, 성령 하나님이 임하시고 성부 하나님이 "내 사랑하는 아들, 기뻐하는 자"라고 하며 예수님을 축복하셨다. 아마도 역사상 가장 영광스럽고 감격스럽고 의미 있는 한 장면이었을 것이다.

그런데 성령이 '곧' 예수님을 광야로 몰아내셨다(막 1:12). 바로 그 순간 예수님은 은혜와 영광이 가득한 요단 강을 뒤로하고 성령님에 이끌려 광야에 시험을 받으러 가셨다(마 4:1; 눅 4:1). 요단 강의 영광에 영원히 머물 수는 없었다. 십자가의 길을 향해 나아가야 했다.

예수님의 공생애 마지막에도 비슷한 사건이 있었다. 십자가의 죽음을 6개월 정도 앞두고, 예수님은 베드로, 야고보, 요한과 함께 기도하러 한 산에 올라가셨다. 그때에 예수님의 모습은 영광스럽게 변화되었고, 모세와 엘리야가 나타나 예수님과 친밀하게 대화하는 것을 제자들이 목격했다. 그리고 하늘에서는 세례 때와 동일하게 "내 사랑하는 아들, 기뻐하는 자"라는 음성이 들렸다. 그러자 베드로는 그 천상의 광경이 너무 영광스럽고 황홀해서 거기에 성막을 짓고 머물자고 했다. 그러나 예수님은 그렇게 하지 않고 산 아래 십자가의 길로 내려가셨다.

이것이 우리 신앙의 여정이다. 우리가 어려움 가운데 하나님을 만나면, 그 특별한 은혜를 경험하면서 위로와 격려를 얻는다. 매우 감사한 일이다. 그러나 거기에 머물러서는 안 된다. 왜냐하면 신앙은 현실 도피가 아니기 때문이다. 신앙은 현실의 고통과 어려움을 잠시 잊게 하는 마약이 아니다. 오히려 현실 가운데에서 성장하는 것이다. 그 순간의 은혜도 중요하지만 하나님은 우리가 거기에 안주하지 않고 더 성숙한 신앙으로 나아가길 원하신다.

그래서 야곱도 벧엘에 머물러서는 안 되었다. 그는 광야를 지나 광야보다 더한 광야, 삼촌 라반의 집에서 고난을 이겨내야 했다. 그리고 언젠가 될지 모르지만, 형 에서를 극복하고, 더 성숙한, 야곱이 아닌 이스라엘로서의 자격과 품격을 갖추어야만 했다.

오늘날 우리의 신앙도 마찬가지이다. 우리는 고난과 고통 가운데 하나님을 만날 수 있으며, 하나님의 특별한 위로와 힘 주심을 경험할 수도 있다. 인생의 영광스러운 경험을 할 수 있다는 말이다.

그러나 그것이 전부는 아니다. 신앙 여정의 끝이 아니다. 끝의 시작도 아니다. 시작의 끝 정도로 보아야 한다. 하나님은 우리가 거기에서 멈추지 않고 그것을 넘어 더 성숙한 신앙으로, 더 온전한 신앙으로 나아가길 원하신다. 하나님 백성의 자격과 품격을 갖춘 성숙한 신앙인이 되길 원하시는 것이다.

광야가 우리를 그렇게 만들어준다. 그렇다고 일부러 자해하자는 것은 아니다. 다만 은혜 받은 그 자리에, 은혜 받은 그 상태에 머물지 말

신앙 유전자

고 더 성숙한 곳으로 나아가자는 것이다.

개인적으로 기도하다가 은혜 받았으면 이제 다른 사람을 위해 기도해야 한다. 돌봄을 받았다면 돌보아주어야 한다. 그 자리에 머물지 않고 성숙으로 나아가야 한다. 벧엘이 아무리 좋아도 벧엘에만 머물지 말고 더 성숙함으로 나아가는 것이 하나님이 기뻐하시는 삶이다.

부모의 입장에서도 마찬가지이다. "악한 사람일지라도 자기 자식에게는 좋은 것을 줄 줄 안다"라고 예수님도 말씀하셨다. 믿음의 사람인 우리는 역시 자녀가 영광스러운 자리, 은혜의 자리에 오랫동안 머물기를 바란다. 그러나 동시에 우리는, 그 자리에서 내려와 성숙을 향해, 그 길이 고난의 길이라도 기꺼이 발을 내디뎌야 함을 잘 알고 있다. 부모는 기도로 자녀가 믿음의 성숙을 이루도록 응원하고 중보해야 한다.

●—●

하란에서 성실해지다

마지막으로, 우리는 본문을 통해 '광야에 머물 수 없다. 하란으로 가야 한다'라는 사실을 알 수 있다. 야곱은 벧엘을 떠나 1천 킬로미터 정도나 되는 광야 길을 지나 하란 입구에 도착했다. 마을 입구에 우물이 있었는데, 거기서 쉴 겸 정보도 얻을 겸 목자들과 인사를 나누었다.

당시 중근동의 우물은 개방되어 있지 않았다. 두세 사람이 들 수 있을 정도로 무거운 돌판을 우물에 올려두고는, 필요할 때마다 돌판을 치우고 물을 사용하고 다시 덮어두었다. 우선은 사막이기에 우물이

마를까 봐 그런 것이고, 외지 사람들이 와서 우물을 함부로 사용하거나 우물물을 고갈시킬까 봐 그런 것도 있다. 야곱이 그곳에 도착했을 때에 우물은 돌로 덮여 있었다. 거기에서 목자들과 인사를 나누는 동안 라반의 둘째 딸 라헬이 양을 몰고 나왔다.

당시 목자는 주로 남자들이었는데 특이하게 라반의 집에서는 딸이 양을 몰고 왔다. 여자들은 주로 물을 길으려고 우물에 갈 뿐이었는데 라헬은 양을 치러 갔다. 성경에 그 이유가 나와 있지는 않지만, 라반이 인건비를 아끼려고 딸한테 일을 시킨다는 인상을 지울 수 없다. 그만큼 라반은 지독한 사람이었다.

목자들은 라헬이 왔을 때 우물 덮개를 열어주지 않았다. 남자들이 하는 일을 여자가 하는 것을 보고 짓궂게 대했을 수도 있고, 라반을 싫어했을 수도 있다. 텃세를 부린 것 같다. 그것을 보고 야곱이 초인적인 힘을 발휘하여 무거운 덮개를 열어주었다. 앞에서도 말했듯이, 야곱이 에서한테 밀렸을 뿐 그렇게 약한 사람은 아니었음을 알 수 있는 대목이다.

이에 라헬이 야곱에게 깊이 감동받았는데, 알고 보니 아버지 라반의 조카였다. 그래서 라헬은 집으로 가서 이 이야기를 들려주었고, 라반은 야곱을 반갑게 맞았다. 라반은 그리 살가운 사람은 아니었는데 조카를 환대했다. 혹시 야곱이 힘이 세다는 소리를 듣고 '일을 잘하겠지' 하고 기대한 것이 아닌가 조심스레 추측해 본다.

야곱의 이 발걸음은 더욱 수렁으로 들어가는 걸음이었다. 광야를 벗어나자 또 다른 광야가 기다리고 있었다. 야곱이 자기 집안에서나

신앙 유전자

영악했지, 넓은 세상에는 더 교활하고 악한 사람이 수두룩했다. 그중 한 사람이 삼촌 라반이었다. 한 달쯤 머물자 삼촌이 이제 슬슬 눈치를 주며 그를 써먹으려고 했다. 좋게 표현했지만 결국은 '아무리 삼촌-조카 사이지만 이제 그만 얻어먹고 밥값 좀 하라'는 말이었다. 철저한 비즈니스 마인드이다.

야곱은 여기에서 나름 딜(deal)을 했다. 7년간 일할 테니 둘째 딸 라헬을 달라는 것이다. 당시 노동자 한 달 임금이 최고 은 한 세겔이었던 것을 감안하면 무려 70세겔 이상에 해당했고, 이는 당시 결혼지참금의 2~3배에 달하는 금액이었다.[82] 야곱으로서는 일종의 승부수를 던진 것이다. 돈도 벌고 사랑도 얻을 심산이었다.

그러나 야곱은 삼촌한테 상대가 되지 못했다. 라반은 야곱의 약점이 라헬인 것을 알고 제안을 수락하는 척하며, 7년간 부려먹고는 결혼식 날 신방에는 라헬의 언니 레아를 들여보냈다. 결혼식 잔치에서 기분이 좋아 술을 많이 마신 탓인지 야곱은 신부가 누구인지 알아보지 못하고 초야를 보내고 말았다.

언니인 레아는 '시력이 약하다'(창 29:17)고 기록되어 있다(영어로 soft eyes). 우리나라 성경에는 영적으로 둔감하다는 것을 강조하기 위해서 시력이 약하다고 번역했지만, 원문을 보면 '부드러운 눈을 가졌다, 눈이 예뻤다'라는 식의 번역도 가능하다. 즉, 다른 곳보다 눈이 예쁘다(그러니까 눈만 예쁘다)라는 의미로도 해석이 가능하다. 그러나 라헬은 전체적으로 곱고 아름다웠다고 표현되어 있다. 어떤 의미였

82   웬함, 427.

든 간에 아마도 레아는 항상 라헬과 비교되어 결혼을 할 수 없었는데, 라반은 이참에 레아까지 결혼시키면서 일거양득을 한 것이다.

야곱의 승부수는 철저하게 짓밟혔고, 야곱은 라헬을 위해 또다시 7년 동안 머슴살이를 해야만 했다. 야곱은 삼촌에게 착취당하고 이용당하였다. 속이는 자('야곱'이라는 이름의 뜻)가 철저하게 속은 것이다.

처음 신부가 바뀐 것을 알았을 때 야곱은 항의했다. "외삼촌이 나를 속이심은 어찌됨이니이까"(25절)라고 했는데, 사실 이것은 야곱이 형과 아버지에게 한 행동과 같았다. 야곱은 여기서 일종의 데자뷰를 경험했을 것이다. 형 에서의 약점인 배고픔을 이용하여 축복권을 가로챘듯이, 야곱은 그의 약점인 라헬을 통해 그의 권리와 돈을 빼앗겼다. 아버지를 속이고 축복을 가로챈 야곱이 삼촌에게 속고 빼앗기고 말았다.

본문에는 나와 있지 않지만, 야곱이 라반에게 '자신을 속였다'는 말을 할 때에 심히 찔렸을 것이다. 자기가 지은 죄에 대해 죗값을 치른다고 생각했을지도 모른다. 다 인과응보이고, 심은 대로 거둔다고 통렬하게 깨달았을 것이다.

그런데 여기서 중요한 것은 그 이후 야곱의 태도이다. 야곱은 라반의 행위를 악으로 갚지 않았다. 삼촌의 만행에 분노로 대응하지 않았다. 야곱 특유의 잔재주나 잔머리로 이 고난을 돌파하지도 않았다. 야곱은 이때부터 잔재주나 잔머리가 아닌 성실함으로 위기를 풀어나가려고 했다. 그래서 7년 동안 군소리 없이 열심히 라반을 섬겼다.

부모의 성실과 성숙을 자녀가 배운다

위기를 극복하는 가장 확실한 방법은 성실함이다. 잔재주가 아니라 성실함이 우리를 성숙한 신앙으로 이끈다.

우리가 신앙생활을 하다보면 위기를 맞이하게 마련이다. 하나가 지나가면 또 다른 위기가 다가온다. 나의 실수 때문에 위기를 맞기도 하지만, 악한 사람이나 악한 상황이 나를 위기에 몰아넣을 때도 있다. 그때 유혹을 받는다. 하나님의 방법이 아닌 인간적인 방법, 세상적인 방법으로 그것을 극복해 나가고자 하는 속삭임이다. 상대방이 더럽게 나오면 나도 더럽게 대응하고 싶고, 억울하면 억울함으로, 불이익은 불이익으로 대응하고 싶을 때가 있다. 그렇게 하지 않으면 나만 손해 보고 나만 바보 되는 것처럼 여겨질 때가 있다. 이것은 매우 큰 유혹이다. 그러나 세상적인 대응이 아니라 성실함이 답이라고, 본문 말씀은 우리에게 도전장을 던지고 있다.

야곱은 잔재주를 부리면서 세상적인 지혜로 대응할 수도 있었다. 그러나 라반에게 속고 있는 자신이 바로 속이는 자였음을 깨달은 후부터는 잔재주를 버리고 우직함, 성실함으로 삶을 대하였다.

광야에서 살면서 광야의 법칙대로 사는 것은 누구나 할 수 있다. 하나님의 백성은 광야에서도 광야의 법을 따르기보다 하나님의 방법대로 살아간다. 그 순간은 손해 보는 것 같지만, 하나님은 끝내 성실한 사람을 성숙하게 하신다.

시편에 이런 말씀이 있다.

¹악을 행하는 자들 때문에 불평하지 말며 불의를 행하는 자들을 시기하지 말지어다 ²그들은 풀과 같이 속히 베임을 당할 것이며 푸른 채소 같이 쇠잔할 것임이로다 ³여호와를 의뢰하고 선을 행하라 땅에 머무는 동안 그의 성실을 먹을 거리로 삼을지어다 ⁴또 여호와를 기뻐하라 그가 네 마음의 소원을 네게 이루어주시리로다 ⁵네 길을 여호와께 맡기라 그를 의지하면 그가 이루시고 ⁶네 의를 빛같이 나타내시며 네 공의를 정오의 빛같이 하시리로다… ¹⁰잠시 후에는 악인이 없어지리니 네가 그곳을 자세히 살필지라도 없으리로다 ¹¹그러나 온유한 자들은 땅을 차지하며 풍성한 화평으로 즐거워하리로다 _시 37:1-11

위기를 극복하고 성숙으로 나아가는 길은 하나님의 성실하심을 따라 성실하게 사는 것이다. 하나님의 성실을 먹고 살지 않으면, 즉 하나님의 성실을 따라 살지 않으면 퇴보할 따름이다.

부모가 성실하게 신앙생활을 할 때 자녀가 그것을 보고 배운다. 특히 요즘은 신앙생활에도 성실을 보기가 쉽지 않아서, 예배에 성실하고 기도에 성실하고 교회 봉사에 성실한 사람은 한 교회 안에서도 적은 숫자이다. 때로는 '아무도 알아주지 않는데 왜 혼자 힘들게 일하며 애쓰는가' 하는 생각이 든다. 그러나 내가 걸어간 성실의 발걸음을 자녀들도 밟아갈 것이며, 우리 머리털도 세시는 하나님은 우리의 모든 성실과 수고를 기억하고 계신다. 이것이 하나님의 방식으로 사는 것이다.

벧엘을 떠나 광야에 왔다고 해서 그냥 광야 사람으로 살 수는 없다.

광야에서 하란으로 간다고 달라질 것도 없다. 어디서든 하나님의 백성답게 살아가야 한다. 야곱의 이야기를 보며, 우리는 잔재주가 아닌 성실함이 성숙함으로 이끈다는 사실을 기억해야 한다.

성숙의 길에서 지나는 장소
- 벧엘: 위기 중 하나님을 만난 곳
- 광야: 영광을 뒤로하고 가야 했던 곳
- 하란: 성실함으로 성숙해간 곳

야곱은 이스라엘이 되기까지 벧엘에 머물지 않았다. 처음 경험한 영광스러운 자리에 머물지 않았다는 말이다. 그는 영광의 자리를 뒤로하고 광야로 나아갔다. 또 광야에 머물지도 않았다. 더 나아가 하란으로 갔다. 더 성숙해지는 자리로 나아간 것이다. 그러면서 그는 점점 하나님 백성으로서의 자격과 품격을 지니게 되었다.

우리는 완전하지 않다. 거룩하지도 않다. 그러나 첫 영광의 자리인 벧엘을 떠나 광야로 가고, 성실함으로 광야를 극복하고 성숙해갈 때, 하나님은 우리의 삶을 기뻐하시고 축복하실 것이다. 야곱이 이스라엘이 되기까지 이러한 과정이 있었음을 깊이 묵상하면서, 지금 은혜의 자리에 안주하지 말고 성숙한 믿음의 자리로 나아가야 하겠다.

신앙 유전자 적용 포인트

1. 당신은 신앙의 여정 중 어느 단계에 있다고 생각합니까? 왜 그렇다고 생각합니까? 또 당신의 자녀는 지금 어디 쯤 있다고 생각합니까?

   ① 뱃속(태어나기 전)

   ② 갓난아기

   ③ 어린아이

   ④ 십대

   ⑤ 장성한 자

2. 당신이 하나님을 '나의 하나님'으로 고백한 곳, 인격적으로 하나님을 만난 때를 떠올려봅시다. 언제, 어디였고, 그때 나는 어떤 마음이었습니까?

   _____

   _____

3. 당신의 하란은 어디입니까? 당신의 벧엘은 어디이며, 광야는 어디입니까? 자녀가 청소년 이상이라면 자녀와 각각 자신의 벧엘, 광야, 하란이 어디인지 나누어봅시다.

   _____

   _____

14

진짜 복을 받고 복이 되는 원리

창세기 30:25-43

하나님의 축복은 어떻게 임하며,
우리는 어떻게 살아야 하는가?

복은 영어로 'blessing'이라고 하고, 히브리어로는 '바라크'라고 한다. 히브리어를 배울 때 이 단어를 '복 받으려고 발악한다'라고 외웠다. 그러나 발악해도 복을 받지 못한다. 성경에서 '복'이라는 말은 찬사, 칭찬, 선물 같은 것을 나타낸다. 복은 내가 발악을 해서 받는 것이 아니라, 하나님의 은혜로운 선물이요 칭찬이라는 것이다.

본문은 복과 관련된 두 사람의 이야기가 나온다. 한 사람은 야곱이고 다른 한 사람은 그의 삼촌 라반이다. 복의 총량(quantity)으로 치면 라반이 복을 훨씬 많이 받았다. 하지만 야곱은 또 다른 의미에서, 질적

(quality)으로는 더 큰 복을 받은 사람이다.

야곱이 삼촌에게 온 지 14년쯤 지난 어느 날, 창세기 30장 25절에 따르면 라헬이 요셉을 낳았을 즈음, 야곱은 삼촌에게 집으로 돌아가겠다고 말했다. 만약 야곱이 일을 잘 못하는 사람이었으면 "잘 생각했다, 빨리 돌아가라"고 했을 것이다. 그러나 라반은 야곱을 통해 큰 이익을 얻고 있었으므로 야곱이 집으로 가겠다는 말에 당황했다.

라반은 야곱을 잡으려고 새로운 연봉 협상을 시작했다. 28절을 보면 그는 야곱에게 "네가 품삯을 정하라"고 한다. 얼마를 원하는지 한번 불러보라는 것이다. 라반이 그것을 몰라서 물어봤겠는가? 당시도 요율(料率)이 있었으므로 얼마를 주어야 하는지 분명히 알았을 것이다. 동시에 조카가 차마 자기 입으로 얼마라고 부르지 못할 것도 알고 있었다.

라반의 생각대로 역시 야곱은 그 값을 부르지 못하고, 대신 자신이 얼마나 열심히 일했는지, 자기 덕분에 삼촌이 얼마나 부자가 되었는지를 강조했다. 야곱이 직접적으로 말하지 못하는 것을 확인하고는 31절에서 "내가 무엇으로 네게 주랴" 하고 물었다.

라반의 예상대로 야곱은 과하게 요구하지 않았다. 라반의 양 떼 중에서 흰 양과 염소는 삼촌이 갖고 나머지, 즉 얼룩무늬가 있거나 점이 있는 것을 자신이 갖겠다고 했다. 라반은 남는 장사라고 생각하고 즉시 승낙했다. 당시 요율로 목자의 몫은 20퍼센트인데, 라반의 양 중에서 무늬가 있는 양은 10퍼센트가 안 되었기 때문이다. 그마저도 라반은 다 주지 않으려고 했다. 35절을 보면, 라반은 그렇게 협상하고 나서 즉시 얼룩 양이나 염소 대부분을 빼돌려서 자기 아들들에게 주고, 야곱에게는 거의 흰 양만 주고 양을 치게 했다.

　야곱은 이후로부터 법이 허용하는 테두리 내에서 모든 수단을 동원하여 얼룩 양과 염소들을 늘려갔다. 얼룩이 열성이고 흰 것이 우성인데도, 삼촌이 다 가져가고 몇 마리 남지 않은 얼룩을 잘 교배시켜서 얼룩이 많이 나오도록 하고, 얼룩이 새끼를 잘 배도록 환경을 조성하고, 강한 얼룩 양과 염소가 새끼를 배도록 유도하였으며, 심지어는 교미를 할 때에 얼룩무늬를 보여줘서 얼룩 새끼가 나오게 했다. 지금의 과학적인 시각으로 보면 터무니 없지만, 야곱은 만에 하나, 단 0.0001퍼센트라도 확률을 높이기 위해서 그렇게 하였다. (본문의 기록은 야곱의 그런 열심을 말하려고 하는 것이지 과학적인 결과를 말하고자 함은 아니다.)

　하나님은 야곱을 축복하셔서 결국 얼룩 양이 많아졌다. 이 협상 과정에서 뜻하지 않게 삼촌의 입에서 다음과 같은 고백이 나왔다.

　여호와께서 너로 말미암아 내게 복 주신 줄을 내가 깨달았노니…

　_창 30:27

이것이 라반의 진심 어린 고백이었는지 아니면 예의상 던진 고백이었는지는 모르지만, 철저한 비즈니스 마인드를 가지고 평생 동안 사람들을 이용해먹던 사람의 입에서 나온 고백이었다. 라반의 이 고백을 통하여 복에 대해서 묵상해보려고 한다. 이 장의 중점적인 주제는 '복'이다.

복의 근원

먼저 첫째로, 이 말씀을 통해 복의 근원은 하나님이라는 사실을 확인할 수 있다. 세상에 복 받기 싫어하는 사람은 없다. 구복신앙, 곧 복을 빌고 복 받는 것을 최우선순위에 두는 치우친 신앙이 문제인 거지, 본래 하나님은 복 주기를 기뻐하시는 분이다. 성경을 가만히 읽다보면, 창세기 1장에서도 복을 주셨고, 계시록 마지막 장에서도 복을 주시고 계신다.

> 하나님이 그들에게 복을 주시며 이르시되 생육하고 번성하여 여러 바닷물에 충만하라 새들도 땅에 번성하라 하시니라 _창 1:22

> 자기 두루마기를 빠는 자들은 복이 있으니 이는 그들이 생명나무에 나아가며 문들을 통하여 성에 들어갈 권세를 받으려 함이로다 _계 22:14

성경에서 말하는 하나님은 '복 주시는 하나님'이라고 해도 과언이 아니다. 물론 성경적인 복은 단순히 물질적인 복만을 의미하지는 않는다. 성경은 물질적인 복을 포함한 복, 영적인 복, 나아가 궁극의 복을 말한다.

하나님의 백성에게 중요한 것은, 물질적인 복이든 영적인 복이든 간에 그 복들이 어디서 오는가 하는 것이다. 복의 근원이 어디에 있는가? 하나님의 백성들은 이것을 분명히 그리고 끊임없이 인식해야 한다. 모든 복의 근원은 하나님이시며, 모든 것이 주께로부터 말미암았다는 믿음의 고백이 축복의 시작이다.

다윗은 다음과 같이 고백했다.

> …모든 것이 주께로 말미암았사오니 우리가 주의 손에서 받은 것으로 주께 드렸을 뿐이니이다 _대상 29:14

다윗은 자신의 성공과 자신이 받은 복이 철저하게 주로부터 말미암았다는 것을 분명히 알고 고백하였다. 이것은 모든 성숙한 신앙인의 고백이어야 한다.

그런데 우리는 복의 근원이 하나님이심을 너무나도 자주 잊어버린다. 머리가 나빠서 잘 기억하지 못하거나 자주 잊어버린다는 말이 아니라, 실제적으로 우리 삶 속에서 하나님을 복의 근원으로 고백하고 인정하지 않는다는 말이다. 내가 복을 받을 때면, 하나님이 주시긴 했겠지만 내가 운이 좋아서 혹은 내가 잘해서 복 받았다고 생각하기 쉽다. 성경은 이 문제를 우리가 생각하는 것보다 훨씬 심각하게 다루고 있다.

> 내 백성이 두 가지 악을 행하였나니 곧 그들이 생수의 근원 되는 나를 버린 것과 스스로 웅덩이를 판 것인데 그것은 그 물을 가두지 못할 터진 웅덩이들이니라 _렘 2:13

하나님은 이스라엘 백성들의 죄를 지적하시면서 두 가지 죄, 생수의 근원 되신 하나님을 버린 것과 스스로 웅덩이를 판 것을 말씀하셨다. 하나님을 복의 근원으로 인정하지 않고 스스로의 힘에 의지하여 사는 것, 곧 자기가 잘한다면 복을 받을 수 있다는 생각은 그저 미흡하거나 실수가 아니라 하나님 앞에서 중대한 죄라고 분명하게 말씀하신 것이다. 복의 근원이 나의 열심과 성실함 혹은 운 같은 다른 힘에 있다고 생각하면, 온전히 하나님을 신뢰하지 않고 의지하지 않는다. 한마디로 하나님을 의지하지 않고 다른 것을 의지한다는 말이다. 성경은 그것을 가리켜 죄라고 말씀하고 있다.

그러면 우리가 정말 하나님을 복의 근원으로 인정하는지 인정하지 않는지는 어떻게 알 수 있을까? 우리가 얼마나 감사하는지를 보면 알 수 있다. 모든 복이 하나님께로부터 왔다고 생각한다면 당연히 하나님께 감사하게 되어 있다. 그러나 자기 스스로 이루었다고 생각하거나 운이 좋아서 획득했다고 생각한다면 하나님께 감사하지 않는다. 그러므로 우리가 얼마나 감사하는 마음을 가지고 있는지, 감사하는 삶을 사는지를 보면 하나님을 복의 근원으로 인정하는지 그렇지 않은지를 알 수 있다.

감사의 고백이 성숙한 믿음의 척도이자 기준이 된다. 모든 것이 하나님으로부터 왔다고 실제적으로 고백하며 감사하는 삶은 곧 믿음으로 사는 것이다.

야곱은 지금 이렇게 성숙해가고 있다. 그가 설익었을 때에는 자기 스스로 성공을 이루려고 했고, 자기가 축복을 획득하려고 했다. 그러나 이제는 하나님이 축복의 주체라는 것을 분명히 알고 그렇게 살아가고 있다. 그 사실이 본문 말씀에서 라반의 입으로 고백되었다. 그러므로 창세기 30장 후반부의 말씀은 우리의 삶을 다시 돌아보며, 모든 것이 주께로부터 왔고, 모든 복 역시 하나님께로부터 왔음을 실제적으로 고백하라시는 하나님의 음성이다. 복의 근원을 분명히 알고 삶에서 복의 근원이 하나님이심을 고백하는 우리가 되어야 한다.

우리의 자녀 역시 우리에게는 복이다. 그러므로 자녀의 근원 역시 하나님이며, 우리가 자녀를 양육하는 모든 기준을 하나님께 두고 부모는 청지기로서의 사명을 감당해야 하는 이유도 여기에 있다. 내 자녀라고 해서 나의 의지와 기준으로 자녀를 양육하고 교육하지 말아야 한다. 그 근본과 모든 기준은 하나님께 있다.

복의 통로

둘째로, 하나님의 백성은 복의 통로라는 사실을 알 수 있다. 이것은 우리가 아브라함 가문에 주어진 축복을 묵상하며 누누이 확인해왔다. 그런데 바로 여기에서 주의 백성들은 복의 통로가 된다는 사실, 아니 복의 통로가 되어야 한다는 사실을 라반의 입술로든 야곱의 입술로든 다시 한 번 인정하고 고백하고 있다. 라반이 무엇이라고 고백했는가?

여호와께서 너로 말미암아 내게 복 주신 줄을 내가 깨달았노니…

_창 30:27

야곱에게도 그러한 의식이 분명히 있었다.

…내 발이 이르는 곳마다 여호와께서 외삼촌에게 복을 주셨나이다…
_창 30:30

야곱은 자기 때문에 삼촌이 하나님의 복을 받았다는 분명한 의식이 있었다. 삼촌 역시 그것을 알고 있었다.

본래 하나님이 아브라함에게 약속하신 것이 무엇이었는지, 다시 창세기 12장으로 돌아가보자. 이전 개역성경에서는 창세기 2장 2절을 '아브라함이 복의 근원이 될 것'이라고 번역했다. 우리가 늘 접하던 말씀이어서 그런가 보다 하고 넘어갈 수 있는데, 사실 복의 근원은 하나님이시다. 그래서 개정판에는 '아브라함이 (그들에게) 복이 될 것이다'라고 제대로 번역했다.

이 말씀에서 하나님께서는 아브라함 자체가 복이라고 정의하면서, 아브라함과 그 자손이 축복의 통로가 되며 땅의 모든 족속이 그들을 통해 복을 받을 것이라고 하신다. 아브라함과 그 자손들이 만민에게 복덩어리가 되어서 그들을 통해 만민이 복을 받을 것이다, 아브라함 덕에, 그 후손들을 통해, 복을 공급받을 것이라는 말씀이다. 실로 그렇게 되었다. 아브라함과 이삭 덕분에 아비멜렉이 복을 받았고, 야곱 덕분에 라반이 복을 받았으며, 요셉을 통해 애굽이 복을 받았다. 결국에는 예수님을 통해 온 인류가 구원을 받았다.

오늘날 하나님의 백성은 세상 속에서 세상을 복되게 하는 존재임을 믿어야 한다. 하나님의 백성에게는 이러한 자부심과 사명이 있어야한다. 잘난 척하라는 말이 아니다. 예컨대 '나 때문에 우리 교회가 복받는 줄이나 아시오'라고 생각하라는 말이 아니다. 내가 하나님의 복을 누린다고 생각한다면, 우리가 복 받고 우리 가정이 복 받는 차원을넘어서라는 것이다. 나 혹은 내 가정 위주의 자기중심적인 복이 아니라 우리가 세상에 복을 가져다주는 존재, 아니 우리가 세상의 복이 되어야 한다는 사명과, 거기에서 오는 자부심을 말하려는 것이다. 이것은 교만이 아니라 자부심이다.

우리에게 이런 마음이 있기를 바란다. 내가 회사에 복을 가져다주는 존재가 되어야겠다, 내가 이 사회에 복을 가져다주는 존재가 되어야겠다는 사명이 있어야 한다. 그리스도인들 때문에 살맛나는 세상이 되었다라는 말을 들어야 한다. 혹 '세상이 그리스도인 때문에 더나빠졌다, 기독교인들은 답이 없다'라는 말을 듣는 것은 아닐까 늘 돌아보아야 한다. 세상 사람들 입에서 '여호와께서 너로 말미암아 내게복 주신 줄을 내가 깨달았다'라는 고백이 나오게 하는 삶을 살아가기를 바란다. 나의 성실함으로, 열정으로, 실력으로, 화평하게 하는 노력으로, 세상이 그리스도인으로 말미암아 복을 받았다고 고백할 수 있기를 소원한다.

또한 자녀가 복의 통로가 되도록, 그로 말미암아 그의 회사, 학교,교회가 복 받았다는 고백이 나오도록 집에서부터 바른 신앙을 가르쳐야 한다. 그를 통하여 세상이 복 받을 수 있도록 하나님의 뜻에 합당한 그리스도인으로 양육해야 한다. 이것이 우리 기독 부모에게 주어진 가장 큰 의무이며, 동시에 우리 스스로가 복이 되어 그 복을 소유하고 전달할 수 있는 권리이다.

●—●
받은 복에 합당한 삶

셋째로, 복은 은혜요 선물이지만 동시에 인간도 그 축복에 합당한 삶을 살아야 한다는 사실을 알 수 있다.

본문에 나오는 야곱의 시도는 어리석어 보인다. 얼룩양은 유전학적으로 열성이고, 매우 적은 숫자였다. 당시에는 유전학이 없었지만 라반은 오랜 경험을 통해 이 사실을 잘 알았을 것이다. 그런데도 야곱이 얼룩 있는 것을 자기 몫으로 하겠다고 하니, 라반은 얼씨구나 춤을 추었을지도 모른다. 그러나 사실 야곱은 이 일에 대하여 이미 하나님의 예언을 받은 터였다. 나중에 야곱이 무엇이라고 고백하였는가?

¹⁰그 양 떼가 새끼 밸 때에 내가 꿈에 눈을 들어보니 양 떼를 탄 숫양은 다 얼룩무늬 있는 것과 점 있는 것과 아롱진 것이었더라 ¹¹꿈에 하나님의 사자가 내게 말씀하시기를 야곱아 하기로 내가 대답하기를 여기 있나이다 하매 _창 31:10-11

야곱은 이미 꿈에서 하나님을 통해 얼룩양이 많아질 것을 알고 있었다. 그래서 자신 있게 라반과 거래하였다.

여기서 중요한 것은, 야곱이 하나님의 예언을 받고는 가만히 있지 않았다는 사실이다. 하나님의 예언은 반드시 이루어질 것이므로 그저 앉아서 기다리고 있지 않았다. 주어진 예언을 이루기 위해서 야곱은 최선을 다했다. 그는 열심히 양 치는 일을 했다. 그리고 0.1퍼센트의 확률이라도 높이려고 최선을 다해 새끼를 배도록 했다. 야곱이 얼마나 열심히 일했는지 성경은 야곱의 노고를 여러 차례 자세히 기록하고 있다.

> ³⁸내가 이 이십 년을 외삼촌과 함께 하였거니와 외삼촌의 암양들이나 암염소들이 낙태하지 아니하였고 또 외삼촌의 양 떼의 숫양을 내가 먹지 아니하였으며 ³⁹물려 찢긴 것은 내가 외삼촌에게로 가져가지 아니하고 낮에 도둑을 맞았든지 밤에 도둑을 맞았든지 외삼촌이 그것을 내 손에서 찾았으므로 내가 스스로 그것을 보충하였으며 ⁴⁰내가 이와 같이 낮에는 더위와 밤에는 추위를 무릅쓰고 눈 붙일 겨를도 없이 지냈나이다 ⁴¹내가 외삼촌의 집에 있는 이 이십 년 동안 외삼촌의 두 딸을 위하여 십사 년, 외삼촌의 양 떼를 위하여 육 년을 외삼촌에게 봉사하였거니와 외삼촌께서 내 품삯을 열 번이나 바꾸셨으며 _창 31:38-41

참으로 악독한 삼촌 아닌가? 우리가 복의 통로가 되어도 세상은 계속해서 우리를 이용해먹으려고 한다. 그러니 이런 생각이 들 수도 있다. '하나님께서 예언을 주셨고 언젠가는 이루어질 것이니 이제부터는 대충 살아도 되지 않을까. 지금까지 애썼어도 이용만 당했는데, 예언을 받고 또 다시 애써야 하는가.' 하나님이 얼룩을 주신다 하셨으니

삼촌과 따로 협상할 필요가 있나 싶기도 하다. 그러나 야곱은 그렇게 하지 않았다. 야곱은 하나님이 주신 복에 걸맞게 성실과 열심으로 살았다.

물론 복은 은혜이다. 전적으로 하나님의 선물이고, 어찌 보면 조건 없이 주어지는 것이다. 그러나 받은 복에 걸맞는 삶이 동반되지 않으면 복은 그저 물처럼 모래처럼 우리의 손에서 벗어나고 만다. 이것이 우리 신앙의 양면이다. 믿음이란 위로부터 주어지는 은혜로운 선물이지만, 동시에 우리 스스로 믿음을 지키고 믿음을 키워나가려는 노력과 수고도 있어야 한다. 복도 마찬가지이다. 복은 발악을 해서 받는 것이 아니라 하나님의 선물이다. 그렇더라도 그 복에 합당한 삶을 살아가야 한다.

야곱은 하나님이 복 주시기에 걸맞은 성실과 열심의 삶을 살았다. 물론 삼촌의 착취는 적지 않았다. 역시 세상은 만만치 않다. 그러나 우리는 야곱의 삶을 통해서, 심어서 거둔 것을 빼앗기더라도 그것을 넘어서는 복을 주시는 하나님을 보게 된다. 빼앗기더라도 심은 만큼, 아니 심은 것보다도 더 부어주시는 하나님이시다.

하나님은 복 주기를 기뻐하시는 분이다. 단, 그것은 저절로 이루어지지 않는다. 받는 복에 합당하게 살며 세상 사람들에게까지 인정받을 때에야 비로소 이루어진다.

야곱은 이렇게 성숙해갔다. 전에는 예언과 축복에 합당한 삶을 살지 못했으나 이제는 예언과 축복에 합당한 삶을 살아가고 있다. 그래서 그의 삶에서 예언이 이루어지고 복이 구현되는 것이다. 오늘날 우리도 축복에 합당한 삶을 살기를 소망해야 한다. 그럴 때에 축복이 우리의 복이 된다.

　축복의 원리
　– 복의 근원
　– 복의 통로
　– 복에 합당한 삶

　복이란 우리가 발악해서 받는 것이 아니라 오직 하나님으로부터 오는 은혜로운 선물이다. 그리고 우리는 그 복을 누리기만 하면 되는 것이 아니라 세상에 복을 가져다주는 통로가 되어야 한다. 아울러 우리의 삶이 복에 합당한 삶이 되어야 한다. 복의 근원을 분명히 기억하고, 그 복을 잘 전달하고, 축복에 합당한 삶을 사는 이 축복의 원리는 창조 이래 변한 것이 없다(창 1:22). 세상 끝날까지 지속되는 원리이다(계 22:14). 우리 모두 이러한 진정한 축복의 사람, 이 축복의 원리를 자녀에게 믿음의 유산으로 잘 물려주는 사람들이 되길 소망해야 하겠다.

신앙 유전자 적용 포인트

1. 당신이 지금 가장 받고 싶고 누리고 싶은 복은 무엇입니까?

_____

_____

2. 내가 받은 모든 것의 근원이 어디에 있습니까? 특히 내가 잘될 때, 흥할 때, 성공
   하고 복 받을 때, 그 모든 것의 근본이 나입니까, 아니면 정말 하나님이라고 생각
   합니까?

_____

_____

3. 당신은 복의 통로가 되고 있습니까? 교회 밖에서, 즉 가정이나 직장이나 학교에
   서 당신 덕분에 그곳이 복을 받고 있다고 생각합니까?

_____

_____

4. 복을 받고 복의 전달자가 되기 위해서는 먼저 우리가 축복에 합당한 존재가 되어
   야 합니다. 당신은 어떻게 합당한 존재가 되어가고 있습니까? 당신의 자녀를 어
   떻게 준비시켜야 될까요?

_____

_____

15

두려울 때 필요한 영성의 원리

창세기 32장

압복강의 영성이
야곱을 이스라엘로 만들었다

아마 대부분 밤새 잠을 못 이루고 번민해본 경험이 있을 것이다. 눈앞에 닥친 어려움과 위기 때문에 이리저리 궁리하고 염려하면서 뜬눈으로 밤을 새고, 날이 밝지 않았으면 좋겠다고 하다가 어느덧 동 트는 새벽을 맞이한 일도 있을 것이다. 인생에서 몇 번 그렇게 맞이했던 새벽은, 참 두렵고 잔인했던 기억으로 남는다.

창세기 32장에서도 밤새 잠 못 이루고 번민하는 한 인물을 그리고 있다. 바로 야곱이다. 라반 밑에서 노예처럼 20년을 살았고, 하나님의 축복으로 제법 성공도 했다. 부자가 되었고 가정도 꾸렸으니 고향으로 돌아가는 길이 금의환향을 닮아 있기도 하다. 그러나 실상은 그렇지 않았다. 금의환향은커녕 고향을 향하는 발걸음이 납덩이처럼 무거웠다. 그의 인생에서 결정적인 문제, 곧 형 에서와의 재회를 앞두고 있었기 때문이다.

에서에 비하면 라반은 문제도 아니었다. 라반은 사기꾼이었지만 에서는 야곱을 죽여 한을 풀려고 하는(창 27:42) 죽음의 그림자였다. 20년간 애써 외면하고 있었는데, 막상 고향에 돌아가고자 하니 묻어 두었던 두려움이 되살아난 것이다. 이제 강 하나만 건너면 고향이지만, 야곱은 마치 형장으로 끌려가는 느낌도 들었을 것이다.

들려오는 소식에 야곱은 더욱 더 마음을 졸였다. 에서가 400명을 대동하고 온다는 것이다. 야곱은 에서의 목적을 파악하기 힘들었다. 마중을 나오는 건지 아니면 복수를 위해 오는 건지 확신할 수 없었다.

이에 야곱은 하나님께 기도를 드리고, 동시에 야곱답게 끝까지 잔꾀를 부렸다. 그동안 자신이 모은 재산을 둘로 나누어, 한쪽이 공격받으면 다른 한쪽을 가지고 도망가려고 궁리한 것이다. 그리고 에서가 물질에 약한 것을 알고 재산 중 상당수를 골라서 선물로 보내되, 일부러 몇 차례 나누어 보내어 에서가 선물을 받을 때마다 마음이 누그러지기를 기대했다.

마지막으로는 아내들과 자녀들을 보냈다. 먼저는 아내와 조카들을 보고 마음이 좀 누그러질까 기대한 것 같고, 한편으로는 에서가 가족들을 치면 자신만이라도 도망하려고 했던 것 같다. 그는 마지막으로 가족들을 강 건너로 보내고 밤에 홀로 남아서 동태를 살피며 밤새 마음을 줄이고 있었다.

그때에 한 존재를 만났다. 처음에는 그가 누구인지 몰랐다. 에서가 보낸 자객인 줄 알고 필사적으로 대항했다. 거세게, 죽을힘을 다해 살려고 저항했다. 그 존재는 환도뼈, 즉 넓적다리뼈를 부러뜨리고 야곱을 제압했다.

싸움이 끝날 무렵 야곱은 그 존재가 사람이 아님을 깨달았다. 천사혹은 신적인 존재였던 것이다. 그것을 알고는 야곱은 살기 위해서가아니라, 축복을 받기 위하여 필사적으로 그 존재를 붙들었다. 이에 하나님의 사자는 야곱을 축복하며 '이스라엘'이라는 새로운 이름을 주었다. 야곱이 이스라엘이 된 것이다. 야곱이 이스라엘이 되기까지 많은 과정들이 있었고, 드디어 지금 '그 순간'을 맞이하였다.

●—●

하나님을 홀로 마주하는 영성

우리가 첫 번째로 묵상할 것은 '하나님을 홀로 마주하기'(alone before God)이다. 야곱은 홀로 하나님을 대면했다.

야곱은 홀로 남았더니… _창 32:24

야곱은 이제 홀로 남아야만 했다. 홀로 하나님과 대면해야만 했다. 자신의 고민과 문제는 가족들도 도움이 되지 않았다. 조언을 듣거나듣기 좋은 소리를 듣는 단계는 이미 지나갔다. 그에게 마지막 남은 구명줄은 하나님이었다. 그동안 이 문제를 피하려고 애썼지만 이제는 하나님과 풀어야 하는 마지막 순간에 다다른 것이다.

우리 인생에서도 다른 사람들의 위로나 격려는 아무 소용이 없고, 오직 하나님과 일대일로 대면해야 하는 때가 있다. 그분과 단 둘이 만나 해결해야 하는 순간이 있다. 이것을 헨리 나우웬은 '고독의 영성'이라고 불렀다.[83] 고독의 영성은 혼자 있는 것과는 다르다. 소외와도 다르다. 단순히 다른 사람과 떨어져 홀로 있는 것은 외로움이다. 그러나 고독의 영성은 절대자 하나님 앞에서의 실존이다. 오직 하나님과 일대일로 대면하는 것, 다른 모든 존재와 상황을 뒤로한 채 홀로 하나님 앞에 서는 것, 이것이 고독의 영성이다.

인생의 중요한 순간에 우리에게는 이 고독의 영성이 필요하다. 하나님을 독대하는 일이 필요하다는 뜻이다. 이것은 야곱을 이스라엘로 바꾸는 결정적인 요인 중 하나였다. 이렇게 하나님을 홀로 마주하는 일이 아니면 야곱은 결코 이스라엘이 될 수 없었다. 이 사건이 없었더라면 아마 야곱은 평생 속이고 도망 다니는 사람으로 남았을 것이다. 그러나 그가 홀로 하나님과 마주하여 이 일을 해결하였을 때에, 그는 속이는 인생에서 선민의 시조로 탈바꿈했다.

이렇듯 하나님을 홀로 대면하는 것은 인생에 참으로 중요한데, 안타깝게도 하나님을 일대일로 깊이 대면하는 일이 점점 줄어드는 것 같다. 예배나 기도회를 통해 집단적으로나 소그룹으로 하나님을 만나고 있지만, 하나님을 정직하게 홀로 대면하는 고독의 영성은 상대

---

83 헨리 나우웬, 홍은해, 신현복 역, 《고독의 영성》(2001, 아침), 특히, 13-21.

신앙 유전자

적으로 덜 추구되는 것 같다.

바쁘게 돌아가는 시대의 흐름 가운데 하나님 앞에 홀로 서는 고독한 시간은 어쩌면 사치같이 느껴지기도 한다. 어느 날 하루 휴가를 내고 기도원에 다녀왔는데, 그것을 들은 어느 집사님이 "좋겠습니다, 목사님. 그럴 수 있어서"라고 말했다. 그 분이 그런 의도로 말한 것은 아닌 줄 알지만, 오늘날은 주님을 홀로 만나고 오는 것조차도 사치스럽게 느껴지는 시대인가 싶기도 하다.

그러나 그것은 사치가 아니다. 우리 인생에서 정말 결정적인 요소이다. 정말 중요한 것이라면 어떤 희생을 치르더라도 그 시간을 확보해야 한다. 안타깝게도 현실은 그렇지 못하다. 시간이 조금이라도 나면, 사실 우리 대부분은 (인정하고 싶지 않겠지만) 하나님을 만나려 하기보다는 스마트폰을 보거나 TV를 켠다. 세상에서도 대면하여야 할 것들이 너무 많아, 일대일로 하나님과 깊이 있게 대면하는 일이 점점 더 줄어드는 형편이다.

예수님은 하루 일과가 고된 분이셨다. 하루 종일 천국 복음을 전파하시고, 회당에서 가르치시고, 병과 약한 것을 고치시는 가운데, 사람들까지 늘 따라다녀서 식사할 겨를도 없으셨다.

집에 들어가시니 무리가 다시 모이므로 식사할 겨를도 없는지라

_막 3:20

그러나 예수님은 바쁜 중에도 반드시 하나님 앞에 홀로 서셨다.

새벽 아직도 밝기 전에 예수께서 일어나 나가 한적한 곳으로 가사 거기서 기도하시더니 _막 1:35

15예수의 소문이 더욱 퍼지매 수많은 무리가 말씀도 듣고 자기 병도 고침을 받고자 하여 모여 오되 16예수는 물러가사 한적한 곳에서 기도하시니라 _눅 5:15-16

하나님의 아들이신 예수님도 아무리 바빴어도 이런 시간이 절대적으로 필요하였고 그렇게 하실 수밖에 없었다. 하나님의 아들 예수님도 그랬는데, 하물며 우리는 말할 나위가 없을 것이다. 그런 시간이 필요하지 않다거나, 그런 시간을 갖지 않는 것은 교만하고 안일한 생각이다.

야곱이 하나님을 홀로 대면한 가운데 이스라엘이라는 이름을 받았다는 것을 우리는 기억해야 한다. 우리는 다른 모든 것을 내려놓고 주님을 홀로 마주해야 한다. 헨리 나우웬은 "고독이 없이는 영적인 생활을 영위하기가 사실상 불가능하다"라고 말했다.[84] 고독은 우리 모든 영적인 삶의 첫 단추일 수 있다.

우리의 일주일 중에서 하나님과 홀로 마주하는 시간은 언제인가? 없다면 우리는 지금 위험한 삶을 살고 있는 것이다. 하나님은 어떤 방법을 써서라도 우리로 하여금 하나님을 홀로, 정직하게, 허세 없이, 가식 없이 만나는 자리에 반드시 서게 하실 것이기 때문이다. 하나님과

---

84 리처드 포스터, 《기도》(두란노, 2011), 6장 성숙의 기도에서 재인용.

신앙 유전자

홀로 마주 서서 그분으로부터 답을 찾는 것은 우리의 필연이다.

깨어짐의 영성

우리는 두 번째로 깨어짐, 곧 '깨어짐의 영성'(broken to be blessed)에 대해 생각해 보아야 한다.

> …그가 야곱의 허벅지 관절을 치매 야곱의 허벅지 관절이 그 사람과 씨름할 때에 어긋났더라 _창 32:25

야곱이나 우리는 하나님께서 우리를 위기에서 '어떻게' 회복시키시는지를 잘 보지 못한다. 또 그 '어떻게'가 우리의 기대와 다를 수 있다. 우리는 우리의 문제를 하나님이 제거해주시거나, 적어도 따뜻한 말로 우리를 격려해주시면 좋겠다고 기대하고 기도한다. 그러나 격려는커녕 하나님께서 우리의 기도를 들으셨는지 확신조차 없을 때가 있다. 때로는 오히려 상황이 악화되기도 한다.

창세기 32장 9-12절을 보면, 야곱은 하나님의 사자를 만나기 전에 사력을 다해, 간절히 기도했다. 사실, 야곱이 기도의 사람은 아니었다. 벧엘에서 하나님께 서원하긴 했지만, 20년 간, 아니 그의 생애 가운데 하나님께 기도했다는 기록은 별로 없다. 그런데 기도하지 않았던 야곱도 이제 기도하지 않으면 안 되었다. 그는 간절히 울면서 기도했다.

그러나 반전은, 야곱이 그렇게 부르짖으며 기도했는데도 하나님은 응답하지 않으셨다는 것이다. 그렇게 모처럼, 자존심을 꺾고 울면서 기도했으니, 하나님이 위로해주시고 걱정을 덜어주시면 좋겠는데, 하나님은 야곱의 기도에 바로 응답하지 않으셨다. 오히려 무심한 듯 하나님의 사자를 보내셨다.

야곱은 하나님의 사자와 씨름하기 시작했다. 그 와중에 그는 허벅지 관절까지 부러졌다. 이게 어떤 상황이냐 하면, 야곱은 급하면 에서와 싸우거나 도망갈 수도 있었는데, 뼈가 부러졌으니 이젠 그러지도 못하게 되었다는 말이다. 완전히 무장 해제가 되었다. 가장 낮은, 가장 비참한, 가장 어려운 상황 가운데 들어간 것이다. 피할 수도 없는 최악의 상황에 직면했다.

여기서 우리는 야곱을 한없이 낮추고 비천하게 하시는, 극한까지 몰아가시는 하나님을 보게 된다. 우리가 기대하는 하나님은, 환난 날에 응답하셔서 우리를 위로하고 우리에게 힘 주시는 하나님이다. 그러나 얍복강에서 야곱에게 나타난 하나님은 기도 응답은커녕 그를 밑바닥까지 낮추시는, 가장 비참하고 비천한 자리로 던져버리는 분이시다. 부드러운 격려가 아니라 때리심으로, 뼈를 부러뜨리심으로 야곱을 깨우셨다.

하나님은 단순히 야곱의 뼈를 부러뜨리신 것이 아니었다. 그의 자존심과 교만과 고집과 자기 의를 부러뜨리신 것이다. 그는 평생을 씨름해왔다. 에서와 씨름해서 이기려 했고, 아버지 이삭과 씨름해서 이기려 했고, 삼촌 라반과 씨름하여 이기려 했다.

그러나 실상 그는, 그 사람들이 아니라 하나님과 씨름하여 이기려던 것이었다. 그는 여전히 자만과 고집을 내려놓지 않았고, 하나님의 뜻보다는 자신의 지혜와 수완으로 축복을 획득하려고 했다. 하나님은 그것을 아셨다. 그래서 그가 모든 자만과 고집을 내려놓을 수밖에 없는 곳으로 그를 던지신 것이다. 그리고 야곱으로 하여금 바다의 바닥에서 무장 해제된 가운데, 드디어 하나님만이 소망이고, 하나님이 축복하지 않으시면 그것을 가질 수 없다고 고백하면서, 하나님께만 매달리게 하셨다.

하나님이 야곱에게 그리고 우리에게 주시고자 하는 것은 표면적인 치유나 정서적인 격려가 아니다. 극한까지 몰고가서, 철저하게 낮아진 자리에서 스스로가 어떤 사람인가를 발견하고 일어서게 하는 것, 이것이 하나님이 우리에게 주시는 진정한 힐링이요 회복이다.

우리가 신앙생활을 하다보면 때로 사막을 지나기도 한다. 아무리 기도하고 아무리 부르짖어도 대답은 없고, 오히려 더 큰 어려움 가운데로 들어가는 경우도 있다. 부드러운 격려의 말을 듣고 싶은데 하나님은 오히려 책망하신다. 아니, 대답도 없이 더 깊은 고통 가운데로 이끌기도 하신다.

그러나 그것은 우리의 고통과 고난을 하나님께서 외면하거나 기뻐해서가 아니다. 우리를 맨 밑바닥까지 내려가게 하신 후, 우리의 교만과 고집의 모든 찌든 때가 다 빠져 우리가 정말 겸손하고 순전하게 되었을 때에, 그제야 우리를 축복의 자리로 인도하시는 하나님의 방법임을 믿어야 한다.

하나님은 때로 깨뜨리는 방법으로 우리를 복으로 인도하신다. 부수는 방법으로 우리를 복으로 인도하신다. 그럴 때 우리는 한없는 겸비함으로 그 인도하심에 응해야 한다. 우리 모두 자존심과 고집을 내려놓고 순복하여 참 회복을 맛보며, 축복의 장으로 나가길 소망한다.

●━●

포기하지 않음의 영성

세 번째로, '포기하지 않음의 영성'(continuous seeking)에 대해서 생각해 보아야 한다.

> …당신이 내게 축복하지 아니하면 가게 하지 아니하겠나이다 _창 32:26

완전한 밑바닥까지 내려간 야곱. 자존심은 완전히 무너졌고 환도뼈가 부러져서 육신적으로 또 영적으로 완전히 바닥까지 내려간 야곱. 그런데 야곱은 포기하지 않았다. 그는 끝까지 하나님의 사자를 붙잡았다. 그러자 하나님의 사자는 할 수 없이 그를 축복했다. 그리고 '하나님과 겨루었다'고 하여 그 이름을 이스라엘로 바꾸어주셨다.

물론 이것은 문학적인 표현이다. 하나님의 사자가 야곱을 못 이길 리 없다. 야곱을 죽여버릴 수도 있었다. 그러나 야곱은 포기할 만큼의 극한까지 내려갔음에도 불구하고 포기하지 않았다. 그래서 야곱이 이겼다고 '쳐주었다'는 말이다.

이 말씀을 잘못 받아들여서, 무조건 떼쓰고 조르면 된다는 식으로 해석하면 안 된다. 성경은 아무리 구해도 받지 못하는 것이 있다고 분명히 말씀한다(약 4:3). 성경에서 낙심하지 말고 기도하고(눅 18:1) 기도할 때에 낙담하지 말라는 명령(갈 6:9)은, 하나님의 뜻과 공의가 이루어지도록 기도하라는 것이지, 내 소원이 이루어지도록 그렇게 하라는 말씀은 아니다.

창세기 32장 본문은, 야곱이 극한의 시험에도 불구하고 포기하지 않고 끝까지 하나님을 바라보게 되었다는 말씀이다. 야곱은 비로소 알게 되었다. '나의 지혜와 재물의 힘이 에서의 마음을 돌리는 것이 아니라 하나님이 하셔야 되는 것이로구나!' 그래서 하나님만 붙들고 하나님께만 절실하게 매달린 것이다. 나아가 하나님이 떠나시면 자신의 인생은 아무것도 아니며 아무것도 이룰 수 없다는 것도 깨달았다. 그래서 그분께 죽기 살기로 매달린 것이다.

우리 인생에서 정말 모든 것을 포기하고 싶고 다 내려놓고 싶을 때에도 우리의 시선이 그분을 향해 있다면, 비로소 우리에게도 소망이 있다. 빠져나갈 구멍이 없는 것 같아도 하나님께 매달리면, 그때 그분께 소망이 있다.

한밤중같이 캄캄한 현실에서도 하나님만큼만은 우리의 소망이 되어주신다. 아무리 기도해도 응답이 없는 것 같고, 위기가 점점 더 커지는 것 같고, 오히려 더 넘어지고 부서지고 힘을 잃는 상황에 처하더라도, 오히려 그때가 나의 모든 고집과 자존심을 내려놓고 하나님만 붙들어야 하는 때임을 믿어야 한다. 거기에만 소망이 있음을 믿어야 한다. 포기하지 말고 그분께 매달리는 것만이 소망이 됨을 믿어야 한다.

사실, 하나님은 한 번도 야곱을 떠나신 적이 없었다. 소망 역시 한 번도 야곱의 곁을 떠난 적이 없다. 다른 말로 하면, 하나님은 야곱을 포기하신 적이 없었다는 말이다. 그것이 야곱에게는 유일한 소망이 었다.

오늘날 우리도 마찬가지다. 아무리 우리가 죄를 지었더라도, 절망스런 상황을 만나 그 어디에도 희망이 없어 보여도, 혹은 역사의 캄캄한 밤을 지날 때에도 하나님만큼만은 우리의 소망이 되시는 것을 믿어야 한다. 우리에게 필요한 것은 낙심하지 말고 소망 되신 하나님을 보고 끝까지 그분만 의지하는 것이다. 항상 기도에 힘쓰고(롬 12:12) 쉬지 말고 기도하라는 말씀(살전 5:17)은 24시간 기도라는 종교 행위를 하라는 의미가 아니다. 끊임없이 그리고 지속적으로 그분만 의지하라는 말씀이다.

얍복강의 영성
- 하나님 앞에서 고독의 영성
- 깨어짐의 영성
- 포기하지 않음의 영성

…거기서 야곱에게 축복한지라 _창 32:29

천사가 떠나며 야곱에게 이름을 물었다. 이름을 몰라서 물은 것이 아니다. 야곱, 곧 남을 속이고 자신의 원하는 것을 얻기 위해서는 수단과 방법을 가리지 않았던 비열한 존재임을 스스로 고백하게 한 것이다. 그가 고백하자 천사는 야곱에게 '이스라엘'이라는 이름을 주었다. 하나님과 겨루었다는 말이다. 요즘 말로 하면 하나님과 맞장 떴다는 말이다. 야곱에게 새로운 정체성을 주신 것이다. 전에는 자신의 유익을 위해서 남을 속이고 수단과 방법을 가리지 않았던 그를, 이제 하나님과 겨루었던 존재로, 하나님 축복의 수혜자로, 약속을 이루는 도구로 만드신 것이다.

우리 모두 홀로 서고, 깨지고, 그럼에도 포기하지 않기를, 그리하여 야곱을 이스라엘로 만드신 그 축복을 경험하는 하나님의 사람들이 다 되기를 바란다.

신앙 유전자 적용 포인트

1. 밤새 잠 못 이루고 번민하다가 새벽을 맞이한 경험이 있습니까?

_____

_____

2. 하나님이 부러뜨리실 것 같은 나의 고집과 아집은 무엇입니까? 끝까지 내가 가지고 있는 것은 무엇입니까?

_____

_____

3. 당신은 홀로 하나님 앞에 서는 시간이 있습니까? 고독의 영성을 어떻게 누리고 있습니까? 당신의 자녀도 하나님을 홀로 대면해야 합니다. 언제까지 부모가 곁에 있을 수는 없습니다. 언젠가 자녀가 홀로 하나님을 대면할 수 있게 하기 위해서 지금 부모가 해야 할 일은 무엇입니까?

_____

_____

4. 바쁜 현대사회 속에서 하나님 앞에 홀로 서는 고독한 시간은 사치처럼 느껴지기도 합니다. 그러나 절대적으로 필요한 시간입니다. 일상 속에서 그 시간을 확보하도록 구체적으로 계획을 짜보십시오.

_____

_____

당신의 벧엘로 돌아가야 할 때

창세기 35:1-5

●━●

야곱처럼 올라가야 할 당신의 벧엘은 어디인가?

야곱은 평생을 하나님의 은혜와 자신의 수완 사이에서 위험하게 줄 타기하며 살아왔다. 하나님의 축복을 사모하면서도 자신의 재간을 믿고 끝까지 머리를 쓰는 부류의 사람이었다. 귀향 과정에서도 그랬 다. 창세기 32장 9절에 야곱의 기도가 나오는데, 정말 기도의 정석이 라고 할 만한 기도, 들어줄 수밖에 없을 법한 기도였다.

이제야 야곱이 바뀌었나 싶었는데, 역시 야곱은 야곱이었다. 하나 님만 의지할 것처럼 기도하고는 다시 머리를 쓰기 시작했다. 재산을 세 번에 나누어 에서에게 보내고, 가족도 셋으로 나누어 순차적으로 보냈다. 여종들의 자녀들을 1차로, 레아와 그 아들들을 2차로, 마지막 으로 제일 사랑하는 아내 라헬과 제일 사랑하는 아들 요셉을 보냈다. 만일에 이도 저도 다 안 통하면 자신만이라도 도망가려고 했던 것이 다. 그러나 그는 천사와 씨름하다가 환도뼈를 다치고 말았다. 자신이 정교하게 세운 모든 계획이 한 번에 와르르 무너지는 것을 느꼈다. 큰 부상으로 도망갈 수 없게 된 것이다. 그는 정말로 의지할 곳이 하나님 밖에 없어서 끝까지 천사에게 축복해 달라고 애원했다.

감사한 것은, 에서가 마음을 돌려 야곱을 용서하고 동생으로 맞이해 주었다는 것이다. 33장 4절에 형제가 서로 울면서 화해하는 장면이 나온다. 솔직히 이 장면에서, 야곱이 정말 형이 반가워서 혹은 용서받은 것에 감격하여 울었는지는 의문이다. 형이 우니까 분위기 맞추려고 운 느낌이 든다. 왜냐하면 그렇게 울고, 서로 껴안고, 형을 주인님이라고 부르고, 형님 얼굴을 보니 하나님의 얼굴을 본 것 같다고 말했으면서, 막상 가야 할 때가 되자 "아이들도 어리고 하니 형님 먼저 가시면 금방 따라가겠습니다"라고 말하고는, 결국 따라가지 않았기 때문이다.

●━●

안주와 거짓 평안

에서가 떠난 후 야곱은 숙곳으로 갔다가, 그것도 불안해서 다시 세겜 땅으로 이주하여 그곳에 정착했다. 지도를 보면 야곱이 얼마나 주도면밀하게 형을 피하고 있는지 알 수 있다.[85] 사실, 에서가 세일로 내려간 후 야곱은 에서가 있는 쪽으로는 한 발자국도 움직이지 않았다. 오히려 요단 강을 건너 형과 멀찍이 떨어졌다. 어떻게 보면 형을 한 번더 속인 것이다. 이후에도 에서와 야곱이 다시 만났다는 기록은 없다.

85 [그림 9]

인간적으로 보면 야곱은 정말 나쁜 사람이다.

그는 세겜으로 가서 그 지역의 땅을 사고 제단도 쌓았다. 야곱이 여기에다 제단을 쌓은 것도 별로 좋아 보이지 않는다. (여기에 대해서는 조금 있다가 살펴보자.)

이제 야곱은 형에게 용서도 받고 돈도 많이 벌고 땅도 사서 잘 정착한 듯했다. 세겜 땅에서 에서 걱정 없이 살면서 원주민들의 선망의 대상이 되기도 했다. 그런데 어느 날 사건이 일어났다. 딸 디나가 강간을 당한 것이다. 34장 1절 말씀에 디나가 그 땅의 딸들을 보러 나갔다고 했는데, 이게 호기심 때문이었는지 아니면 가나안의 문화를 동경해서인지는 잘 모르지만, 그렇게 갔다가 세겜 땅의 추장에게 강간당하고 말았다.

사건은 여기에서 끝나지 않았다. 세겜의 아버지 하몰은 야곱을 찾아와 디나와 자기 아들을 결혼시키자고 했다. 디나의 오빠들은 결혼 조건으로 할례를 받으라고 했다. 세겜은 디나를 사랑했기 때문에 아버지 하몰과 성읍 남자들과 다 함께 할례를 받았다. 세겜 성읍 남자들이 할례를 하며 입은 상처 때문에 무방비 상태에 있을 때에, 디나의 오빠 곧 야곱의 아들들이 그들을 다 죽이고 재산도 모두 빼앗아버렸다.

이 이야기를 들은 야곱은 크게 두려워했다. 고대 사회에서는 피의 복수가 또다시 복수를 부르게 마련이었다. 그 일 때문에 야곱 일가는 주변에 있는 가나안 족속들로부터 더 큰 보복의 위협에 놓였고, 자칫 멸망당할 수도 있는 상황에 빠졌다. 겨우 얻은 안정과 평화가 산산조각나는 순간이 코앞에 다가온 것이다.

야곱은 주변 공기가 심상치 않음을 감지했다. 그리고 그동안 자신이 누린 평화는 거짓 평화였음을 깨달았다. 그의 자녀들은 경건하지 않았고 하나님의 뜻을 생각하지도 않았다. 가나안의 문화를 좇기에 급급했다. 안목의 정욕

[그림 9] 야곱의 귀환 지도

과 복수의 칼날 같은 죄의 모습만 가득했다.

위기를 넘기고 아무 일도 일어나지 않았다고 해서, 그것이 하나님이 주신 평화는 아니었다. 귀향한 후 야곱이 겉으로는 평안 가운데 지냈지만, 안으로는 또 영적으로는 여전히 피폐하고 빈곤했던 것이다.

오늘날 우리도 마찬가지다. 위기를 넘긴 후 겉으로 큰 일이 일어나지 않으니 하루하루가 순탄하게 지나가는 것처럼 보인다. 그러나 하나님의 뜻을 구하지 않고 안주하는 신앙 가운데서 얻는 평안은 거짓 평안이다.

그때에 하나님이 야곱에게 나타나셨다. 그리고 말씀하셨다.

"벧엘로 올라가라."

그제야 야곱은 정신이 번쩍 들었다.

'벧엘! 벧엘로 가야 했구나!'

벧엘이 어떤 곳인가? 야곱이 형을 피해 도망치다가 지쳐서 잠든 광야였다. 난생처음 부모님을 떠나 광야에 가서 두려움과 추위와 외로움에 떨며 돌베개를 베고 잠든 곳이었다. 그러나 그때에 하나님이 하늘 문을 열어 천사들을 보내서 함께하심을 보여주신 곳이었다. 거친 광야에서 천상의 체험을 한 곳이었다.

그때 야곱은 "내가 하나님의 보호하심과 축복으로 성공하여 돌아온다면 반드시 이곳 벧엘로 와서 제단을 쌓고 성공의 십분의 일을 드리겠습니다"라고 결심했다. 셈에 밝은 야곱이, 자신이 성공한다면 그것이 하나님의 도우심인 줄 알고 반드시 돌아와서 예배드리고 십일조를 드리겠다고 결심한 곳, 그곳이 바로 벧엘이었다.

그러나 야곱은 돌아온 후에도 애써 벧엘을 외면했다. 벧엘로 가지 않았다. 잊어버린 것은 아니었다. 그는 맹세한 대로 제단도 쌓았다. 그 장소가 달랐을 뿐이다. 그리고 맹세한 십일조도 드리지 않았다. 그러니까 야곱이 세겜 땅에서 쌓은 단은, 그 옛날 벧엘에서 했던 맹세를 형식적으로 때운 것에 불과했다. 그것으로 다 되었다고 생각하고는 세겜에 정착하려 한 것이다. 그러다가 딸이 부끄러운 일을 당하고 집안에 위기가 닥치자, 그제서야 야곱은 정신이 번쩍 들었다.

'아! 벧엘! 그동안 애써 잊으려 했고 대충 잘 넘어간 것 같았는데, 하나님은 나에게 벧엘로 가라고 하시는구나.'

그는 가족들에게 말했다.

"벧엘로 올라가자. 이제 벧엘로 올라가자. 내 환란 날에 응답하셨고 내가 가는 길에 나와 함께하신 하나님께로 돌아가자!"

외면과 망각의 위기

야곱 가정의 위기는 '망각'에서 비롯되었다. 그가 30년 전 형을 피해 도망가던 그때에, 온갖 소외와 질시와 상처와 육신의 괴로움과 정신적인 압박과 영적인 침체 가운데 있던 그때에 하나님께서 그에게 나타나셨다. 하나님께 기도하는 것도 모르고 하나님을 찾을 생각조차 안 하고 있었을 때에, 하나님께서 먼저 그를 찾아와 함께하겠다고 약속하시고 그와 동행하셨다. 그 이후에도 어려운 고비 때마다 하나님은 함께하며 고비를 넘기게 해주셨다. 다른 사람들이 다 그를 소외시켜도 하나님만은 그와 함께하셨다.

그러나 야곱은 잊어버렸다. 망각했다. 애써 외면했다. 위기를 극복하고, 자녀의 축복을 받고, 재산이 많아진 것, 안정된 삶, 이 모든 것이 하나님의 은혜임을 잊어버렸다. 의식적으로든 혹은 무의식적으로든 그는 하나님을 외면했다. 그런 야곱에게 지금 하나님은 벧엘로 올라가라고 말씀하신다. 때마다 함께하셨고 때마다 극복하게 하신 하나님을 기억하고, 하나님 앞에서 했던 결심을 즉시 이행하라고 하신 것이다.

오늘날, 하나님께 받았던 은혜를 잊어버리고 처음의 마음을 잃어버린 우리, 분주함과 스트레스, 식어버린 열정 속에서 안주하고 있는 우리들에게 하나님은 말씀하신다.

"벧엘로 올라가라!"

처음 주님 앞에 섰을 때의 그 설렘과 기대와 갈망을 잊어버리고 현실에 안주하고 있는 영혼에게 지금 주님이 말씀하신다.

"벧엘로 올라가라!"

'주님! 이 고비만 넘기게 해주시면 더 충성하고 더 성실하겠습니다'라고 결심하고 기도드렸던, 그 처음의 마음을 잊어버린 우리에게, '주님 이 일만 잘 해결되면, 이것만 끝나면 주님께 충성하겠습니다' 하고 결심했으나 곧 망각해버린 우리들에게 주님이 말씀하시는 것이다.

"벧엘로 올라가라!"

'주님이 하라고 하시면 내가 듣겠나이다' 했던 서원을 애써 외면하고, 내가 좋은 대로 행하며, 나의 취향과 생각을 따르다가 지친 영혼들에게 오늘 주님은 말씀하신다.

"벧엘로 올라가라!"

살든지 죽든지 내 몸에서 그리스도가 존귀해지기를 원했던 처음의 마음을 잃어버리고, 이제는 내 안에 내가 다시 주인 노릇을 하며 내가 존귀하게 되고자 하는, 마음속에서 갈등하는 영혼들에게 오늘 주님은 말씀하신다.

"벧엘로 올라가라!"

우리는 벧엘로 올라가야 한다. 처음의 그 자리, 처음의 그 마음으로 돌아가야 한다. 은혜가 무엇인지 알고, 하나님의 동행을 느끼며, 주님을 위해서 살겠노라고, 이 일만 지나가면 주께 헌신하겠다고 다짐하고 기도했던 그 자리로 올라가야 한다. 잊은 것을 다시 기억하고, 잃어버린 것을 다시 찾고, 은혜와 능력의 자리로 돌아가야 한다.

가지고 있는 우상

야곱의 실패는 우상을 버리지 못한 데에서도 비롯되었다. 야곱과 그 가족은 라반의 집에서 섬기던 우상들을 가져왔다. 우상을 버리지 못한 것이다. 그러나 이제 야곱은 그 우상들을 다 파묻고는 벧엘로 올라가자고 했다(창 35:4).

오늘날 우리도 각자의 우상을 버리고 벧엘로 올라가야 한다. 우리의 우상은 무엇인가? 아마 하나님을 높이지 않고 하나님을 인정하지 않는 그리스도인은 없을 것이다. '내가 무슨 우상을 섬긴다고 그래? 이 교훈은 나와 상관없어'라고 생각할 수 있다. 그러나 하나님과 '더불어' 다른 것도 사랑한다는 데서 문제가 생긴다. 주님은 "한 사람이 두 주인을 섬기지 못할 것이니 혹 이를 미워하고 저를 사랑하거나 혹 이를 중히 여기고 저를 경히 여김이라 너희가 하나님과 재물을 겸하여 섬기지 못하느니라"(마 6:24)라고 분명히 말씀하셨다. 그러나 어느새 돈이, 자녀가, 여가생활이 하나님과 저울질할 만큼의 위치에 올라 있다.

카일 아이들면(Kyle Idleman) 목사가 쓴 《거짓신들의 전쟁》을 보면, 그는 역사 속의 그리고 우리 시대의 여러 우상들을 나열하면서 그 우상이 어떻게 우리 삶을 은근하고도 강력하게 지배하고 있는지 기록하고 있다.[86] 그가 나열한 하나님의 강력한 경쟁자는 음식의 신(이를테면, 먹방, 맛에 대한 탐닉, 많이 먹는 것), 쾌락의 신(성적 타락), 성공의 신(성공 절대주의), 돈의 신(전통적인 하나님의 라이벌), 로맨스의 신(사랑이

---

86 카일 아이들면, 배웅준 역, 《거짓 신들의 전쟁》(규장, 2013).

신앙 유전자

면 다 된다) 등이 있다.

그런데 그가 나열한 여러 우상들 중 마지막 두 개는 우리가 좀 더 깊이 생각해봐야 한다. 그 두 개는 '가정'과 '나'라는 신(우상)이다. 가정과 나 자신이 하나님을 넘어서서 우리의 삶을 강력하게 흔드는 중요한 가치요 힘이라는 것이다.

요즘은 가정을 너무 소중히 여기다 못해 가정이 우상이 되는 경우가 많다. 가정은 하나님도 못 건드리는 영역이 되었다. 특히 자녀는 가정의 중심에 있는 경우가 많다. 예전에는 밥상을 차려도 어른을 우선했는데, 요즘은 모든 것이 아이들 위주로 진행된다. 아브라함은 이스마엘과 이삭을 하나님께 드림으로 이 우상을 극복한 바 있다.

가족은 확장된 '나'이다. 결국 '나' 중심의, 나 위주의, 내가 좋은 것이 가장 좋은 것이라는 사고와 생활방식이 우상이라는 말이다. 요즘은 내 마음에 안 들면, 필(feel) 받지 않으면 진리라도 받아들이지 않으려는 경향이 있다. 이것이 '나'라는 우상의 본질이다.

개인의 취향이나 개인의 감정이 중요하지 않다고 말하려는 것이 아니다. 다만 우리의 삶에서 무엇을 결정하고 선택해야 하는 순간에 이러한 것이 강력한 기준으로 작동하는 것이 문제이다. 그 힘이 얼마나 강력한지, 하나님보다, 나와 하나님의 관계보다 더 중요한 가치로 여겨진다. 의식 혹은 무의식중에 이런 우상들을 섬기는 우리에게, 하나님은 지금 벧엘로 올라가라고 말씀하고 계신다.

혹시 기도해야 할 시간에 TV나 휴대폰 앞에 앉아 있고, 자녀 양육과 회사일에 바쁘다고 기도에 소홀하고, 말씀 가운데 잠겨야 하는 시간에 잠에 빠져 있고, 예배해야 하는 시간에 여가를 즐기고, 조용히 하나님을 묵상해야 할 시간을 나의 공부와 일, 혹은 취미생활로 채우고 있지는 않은가? 하나님은 이런 우리들에게 벧엘로 올라가라고 말씀하고 계신다.

다른 것들이 하나님의 자리를 넘보지 못하게 해야 한다. 하나님을 향해야 할 시간을 빼앗고 하나님의 경쟁자가 된 것이 있다면, 우리는 그것이 무엇이든 모두 내려놓아야 한다. 자녀를 향한 사랑일지라도, 그것까지 내려놓아야 한다. 기도 안 하고 예배에 소홀한 것만으로도 하나님 앞에서 이미 잘못을 저질렀는데, 거기에다 잘못을 더한다. 오늘은, 이 정도는 괜찮다고 자위하며 주님의 뜻을 재단하여 자기 입맛에 맞게 합리화한다면, 그것은 또 다른 우상숭배요 하나님과 그것을 겸하여 섬기는 죄가 된다.

벧엘로 올라가자. 처음의 그 마음으로 돌아가자. 내가 조금 손해 보고 희생당하더라도 주님을 만나는 것이 가장 큰 기쁨이었던 그 마음으로 돌아가자. 내가 할 수 있는 것은 아무것도 없고, 내 안의 주님께서 일하신다는 신뢰 가운데 하루하루를 살았던 그때로 돌아가자. 다 내려놓고 하나님만 존귀히 여기고, 그분께 내 인생의 키를 맡기고자 했던 그 자리로 돌아가자. 돈이 아니라 하나님이 내 인생을 움직인다고 믿었던 그 자리로 돌아가자. 아브라함이 이삭을 바쳤듯이, 우리 자녀들도 기꺼이 하나님의 손에 맡기고 내어놓는 그 자리로 돌아가자.

형식주의의 함정

형식주의도 야곱을 위기로 몰아넣은 원인 중 하나였다. 야곱은 가나안으로 돌아와 세겜에서 단을 쌓았다. 단을 쌓은 것 자체는 좋은 일이지만 하나님과의 약속을 제대로 이행한 것은 아니었다. 세겜에서 단을 쌓은 것은 벧엘에서 단을 쌓겠다고 약속한 것을 때우는 차원의 행동이었다. 단을 쌓기는 했으니, 야곱은 그것으로 의무를 다했다고 생각한 것이다.

그러나 하나님은 형식적으로 의무를 행한 것에는 관심이 없으시다. 처음 약속대로 야곱은 벧엘로 가서 단을 쌓아야 했다. 사실 형식주의는 정말 무서운 죄이다. 형식적으로 행하고도 자기 스스로는 종교적인 의무를 다하고 있다고 믿기 때문이다. 꼭 그것이 아니더라도, 이것도 비슷한데 뭐가 문제냐고 오히려 되물을 수도 있다.

말라기서에 이스라엘 백성들을 책망하시는 하나님의 말씀이 나온다.

> …그러므로 여호와께서 다시는 너희의 봉헌물을 돌아보지도 아니하시며 그것을 너희 손에서 기꺼이 받지도 아니하시거늘 _말 2:13

이스라엘 백성들은 하나님이 이렇게 말씀하시는 것을 이해할 수 없었다. 그들이 제사를 안 드린 것도 아니고 제물을 안 드린 것도 아니었다. 그들은 율법이 명한 대로 형식을 갖추고 의식을 치렀다. 그들은 나름 희생하고 헌신하며 종교적인 의무를 다하고 있다고 생각했다. 그래서 그들은 말라기 선지자의 지적이 불쾌했을 것이다. '아니, 뭐가 문제야? 뭘 더 바라?' 하고 반문했을 것이다.

이스라엘 백성들이 특별히 악해서 그렇게 행한 것은 아니다. 처음부터 그런 것도 아니었다. 에스라, 느헤미야 시대에 바벨론에서 귀환한 후, 그들은 자기들이 살 집을 짓기 전에 성전을 먼저 지었고, 여력이 안 되는데도 성벽을 재건했다. 그리고 성전과 성벽이 완공되었을 때에 그들은 역사상 가장 큰 부흥 중 하나를 경험하였고, 기쁨과 감격 가운데 예배를 드리고 십일조를 드렸다. 그러나 점차적으로 구원의 감격과 하나님의 은혜를 잊어버리면서, 드디어는 형식만 남았다.

그런데 이것이 혹시 우리의 모습이 아닐까? 하나님의 임재를 열망하고 갈망하며 이리저리 찾아다니던 그 열정을 모두 잃어버리고, 이제는 형식적으로 그리고 의무감으로 신앙생활을 하며 종교적 만족을 얻는 사람이 있다면, 지금 우리에게 하시는 주님의 음성을 듣기를 바란다.

"벧엘로 올라가라."

처음의 순수하던 신앙, 하나님의 말씀이면 이해가 안 되어도 하나님의 말씀이라는 이유 하나만으로 그렇게 살려고 결심하고 노력했던 신앙, 나 자신을 쳐서 복종시키며 나의 진액이라도 짜내어 드리는 심정으로 주 앞에 섰던 그 마음으로 돌아가자. 은혜 받기 위해 애쓰고, 기대하는 마음으로 예배에 오고, 1분의 찬양 시간이라도 귀하게 여기며, 한 구절의 말씀이라도 놓치지 않으려 했던 처음의 그 마음을 회복하기 바란다.

그렇게 벧엘로 올라가자. 우리의 환난 날에 응답하셨으며, 우리가 가는 길에서 함께하신 하나님께로 돌아가자.

●—●

정결하지 못한 옷을 갈아입고

마지막으로, 야곱의 가족은 정결하지 못했다는 것을 생각해보자. 35장 2절 말씀에서, 야곱은 가족에게 자신을 정결하게 하고 의복을 바꿔 입으라고 했다. 옷이 그 사람을 변화시키지는 않지만, 때로 그 사람의 정체성을 나타내기도 한다. 교복은 그 사람이 학생임을 나타내고, 군복은 그 사람이 군인임을 나타낸다. 상복은 그가 슬픔 중에 있다는 것은 보여준다. 마찬가지로 옷이 야곱의 가족을 거룩하게 하는 것은 아니지만, 그렇게 해서라도 그들이 그 땅에 속한 사람들이 아님을 분명히 하라는 것이다. 그동안 동화되어 있던 그 땅의 모든 것을 벗어버리고, 정결함으로 갈아입으라는 것이다. 거룩하지 못한 것, 세속의 모든 것을 벗고 벧엘에 맞는 옷을 입으라는 것이다.

가나안 문화가, 이방 문화가, 세상 문화가 무조건 악하고 음란하다는 말은 아니다. 솔직히 세상 사람들이 윤리적으로 더 훌륭할 수도 있다. 도덕적으로나 인간관계 면에서나 흠 없이 훌륭하게 사는 사람들이 있다. 우리는 그 사람들 앞에서 부끄러움을 느껴야 한다. 행위로 구원받는 것은 아니지만, 하나님이 살아 계시고 그분이 우리를 보고 계신다고 믿는다면, 세상 사람들보다 우리가 더 정결하게 살아야 하기 때문이다. 그렇게 부끄러운 우리에게 하나님이 말씀하신다.

"벧엘로 올라가라."

오늘날 악하고 음란하고 허영으로 가득한 세상의 가치관에 물든 우리들에게, 정결의 옷으로 갈아입으라고 이렇게 말씀하신다.

"벧엘로 올라가라."

세상 문화를 좇고 세상의 가치를 소중히 여기는 우리들에게, 이제 하나님은 거룩한 가치를 추구하라고 이렇게 말씀하신다.

"벧엘로 올라가라."

육신의 정욕과 안목의 정욕과 이생의 자랑을 좇으며 세속으로 물든 우리의 마음을 정결하게 하고, 흰옷을 입고 하나님께로 돌아가라고 말씀하시는 것이다.

¹²밤이 깊고 낮이 가까웠으니 그러므로 우리가 어둠의 일을 벗고 빛의 갑옷을 입자 ¹³낮에와 같이 단정히 행하고 방탕하거나 술 취하지 말며 음란하거나 호색하지 말며 다투거나 시기하지 말고 ¹⁴오직 주 예수 그리스도로 옷 입고 정욕을 위하여 육신의 일을 도모하지 말라 _롬 13:12-14

점점 밤이 깊어지고, 그만큼 낮이 가까이 오고 있다. 이때에 오직 그리스도로 옷 입고 하늘의 일을 도모하시는 우리가 되길 소망한다.

벧엘로 올라가자
- 망각 아닌 기억으로

- 우상을 버리고
- 형식주의를 버리고
- 정결하지 못한 옷을 벗어버리고

이 모든 것들을 벗어버리고 지금 벧엘로 올라가자. 미루지 말자. 오늘 평안하다고 거기에 취해 있지 말자. 처음의 그 마음으로, 헌신을 결심하고 다짐했던 그 자리로 돌아가자. 순수하게 믿으려고 하고 작은 죄에도 괴로워하며, 한마디 말씀에도 순종하려고 했던 그 자리로 돌아가자.

벧엘로 올라가자. 내 환란 날에 내개 응답하셨고, 내가 가는 길에서 나와 함께하신 하나님께로 돌아가자. 그곳이 바로 우리가 서야 할 곳이다.

좋은 믿음의 유산을 남기고 싶다면, 먼저 좋은 믿음을 가지고 그 모습을 보여주면 된다. 좋은 신앙의 자리, 하나님이 함께하시는 자리, 그곳이 바로 벧엘이다. 당신의 벧엘로 올라가자.